中国上市公司
违约风险的影响因素研究

理论、经验与思考

侯粲然◎著

Research on the Influencing
Factors of Default Risk of Chinese Listed Companies:
Theory, Experience and Thinking

中国经济出版社
CHINA ECONOMIC PUBLISHING HOUSE
·北 京·

图书在版编目（CIP）数据

中国上市公司违约风险的影响因素研究：理论、经验与思考 / 侯粲然著. --北京：中国经济出版社，2023.5

ISBN 978-7-5136-7312-9

Ⅰ. ①中… Ⅱ. ①侯… Ⅲ. ①上市公司-债务管理-风险管理-影响因素-研究-中国 Ⅳ. ①F279.246

中国国家版本馆 CIP 数据核字（2023）第 082217 号

责任编辑　牛慧珍
责任印制　马小宾
封面设计　任燕飞

出版发行　中国经济出版社
印 刷 者　北京富泰印刷有限责任公司
经 销 者　各地新华书店
开　　本　710mm×1000mm　1/16
印　　张　13.5
字　　数　180 千字
版　　次　2023 年 5 月第 1 版
印　　次　2023 年 5 月第 1 次
定　　价　88.00 元
广告经营许可证　京西工商广字第 8179 号

中国经济出版社 **网址** www.economyph.com **社址** 北京市东城区安定门外大街 58 号 **邮编** 100011
本版图书如存在印装质量问题，请与本社销售中心联系调换（联系电话：010-57512564）

序

上市公司违约风险始终是管理层、股东、董事会、员工，以及政府、机构投资者等各方利益相关者关注的重点问题。党的十九大报告指出，要健全金融监管体系，守住不发生系统性金融风险的底线。党的二十大报告进一步明确，必须坚定不移贯彻总体国家安全观，把维护国家安全贯穿党和国家工作各方面全过程，确保国家安全和社会稳定。作为国家安全的重要组成部分，金融安全是经济平稳健康发展的重要基础。金融风险的集中释放不仅会影响我国金融体系的稳定，还会对整个实体经济产生极大威胁。

鉴于企业违约风险对于中国上市公司的重要性、急迫性，侯粲然的硕士毕业论文选择了这一研究主题。2015 年，侯粲然进入中国人民大学商学院攻读博士学位，在我的指导下学习。在经过与我的多次讨论后，她的第一篇有关企业违约风险的文章研究主题被确定为“战略定位差异与企业违约风险”。战略定位是企业获得可持续竞争优势的必要前提，决定了企业的资源配置方式，对企业财务行为具有指导性作用。在扎实的理论分析与翔实的实证检验基础上，该研究发现较大的战略差异度可能导致企业违约风险上升，并论证了产生这一结论的内在机制。作为侯粲然博士对违约风险话题的首次尝试，该研究丰富了企业违约风险影响因素的分析框架，为后续一系列的研究奠定了良好的基础。

近几年，随着企业违约风险在中国资本市场及学术界所受到的关注越来越多，侯粲然博士精益求精，沿着这一方向展开了一系列关于企业违约风险影响因素的深入研究。公司治理对企业财务行为的影响不可忽视，良好的内部控制是保障各项经营活动有序、高效进行的必要前提。因此，将内部控制质量纳入企业违约风险的研究框架具有重要意义。除此之外，高质量的创新是企业提升核心竞争力的必由之路，合理的金融资产配置是引导金融服务实体经济的重要手段，二者都是推动企业成长的动力，但同时也是引致违约风险的潜在因素。为此，侯粲然博士又进一步从创新决策、金融资产配置视角进行了拓展性研究。

本项研究的学术贡献可以概括为：第一，基于企业管理实践，构建了“目标—监督—执行”的逻辑框架；第二，拓展了违约风险影响因素的研究范畴。本项研究的结论不仅可以为监管机构制定方针政策提供实践指导，而且能够为上市公司加强风险防控提供可行路径。

企业违约风险是一个值得长期关注、深入研究的重要话题，侯粲然博士的这本著作是一个非常好的尝试，并且取得了不错的成果，对未来该领域的进一步研究有一定的参考价值。希望侯粲然博士继续努力，为构建违约风险研究理论体系做出自己的贡献。

王化成

2023 年 1 月于中国人民大学商学院

目 录

第一章

绪论

第一节 研究主题

改革开放以来，高储蓄和高投资伴随着人口和政策红利推动了中国经济40多年的高速发展。尽管过去经济的高速增长在一定程度上掩盖和对冲了债务违约风险，但是当前中国正处于新旧经济转型的关键阶段，随着债务周期下半场、金融去杠杆、疫情冲击、结构性紧信用、广义流动性退潮等因素叠加，房地产企业、地方城投平台、影子银行、僵尸企业等风险逐步大面积暴露。

根据“明斯基时刻”理论，高杠杆是经济系统性金融风险的总根源。麦肯锡2015年发布的一份全球债务报告显示，无论是发达国家还是发展中国家全都债台高筑，杠杆比率不仅没有消除，反而呈现增加趋势，而中国正是其中“当之无愧”的债务净增加国。根据国家资产负债表研究中心（CNBS）的统计数据，截至2021年3月，我国企业的债务规模达到同期GDP的1.6倍。伴随着宏观经济下行和资本市场扩容，企业债务规模不断扩大引致的违约风险问题日益突出。

自2014年3月起，以“11超日债”正式宣告违约为标志，川煤集团、东北特钢集团、中国城建、盾安集团等国有和民营企业的债务违约现象时有发生，2014—2020年中国债券市场中违约债券的余额从13.4亿元蹿升至1707.02亿元，债券“刚性兑付”的神话被打破（图1-1）。截至2020年末，我国共有582只债券出现违约，累计违约规模高达5251.38亿元。更为严峻的现实是，前期债券市场快速发展而增发的大量债券逐步迈入到期年份，债券市场当年到期偿还量从2015年的10.2万亿元飙升至2021年的38.3万亿元，累计增长275.5%，而2020年现价GDP较2015年仅增长47.5%，债务扩张速度远超GDP增长速度，企业债务风险已成为现阶段我国金融风险的“灰犀牛”。

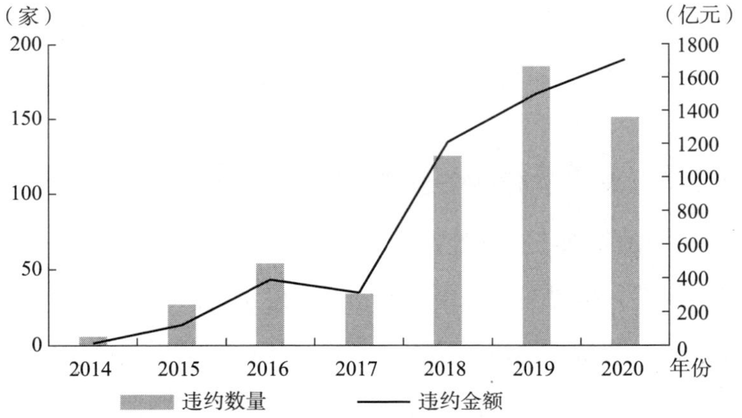

图1-1　中国资本市场债券违约情况统计

从西方国家的经验可以看到，企业的债务违约具有传染效应，短期内大量企业债务风险的集中释放极有可能演化为系统性的债务危机，不仅会影响我国金融体系的稳定，更会对整个实体经济产生极大的威胁。在这样的背景下，《人民日报》头版头条发表评论员文章，提出严防“灰犀牛”①。紧接着时任人民银行行长的周小川表示，我国应重点防止“明斯基时刻”②，说明企业债务问题已经引起了党和国家的高度重视。科学管控企业债务违约风险，不仅有利于企业自身的健康发展，也有助于整个国家金融、经

① 2017年7月17日，金融工作会议召开后的首个工作日，《人民日报》在头版刊发评论员文章《有效防范金融风险》。文中提到：防范化解金融风险，需要增强忧患意识。……既防“黑天鹅”，也防“灰犀牛”，对各类风险苗头既不能掉以轻心，也不能置若罔闻。这是《人民日报》首次提到“灰犀牛”概念。

② 2017年10月19日，人民银行行长周小川在党的十九大中央金融系统代表团开放日回答记者提问时指出，“如果经济中的顺周期因素太多，使这个周期波动被巨大地放大，在繁荣的时期过于乐观，也会造成矛盾的积累，到一定时候就会出现所谓‘明斯基时刻’，这种瞬间的剧烈调整，是我们要重点防止的”。

济体系“守住不发生系统性金融风险的底线”[①]，这已经成为当前各界的共识。

随着违约事件的出现日趋常态化，监管部门也对债务风险管控给予了高度重视。2017 年 7 月，习近平总书记在金融工作会议上强调，金融安全是国家安全的重要组成部分，防止发生系统性金融风险是金融工作的永恒主题。10 月，党的十九大报告再次指出，要健全金融监管体系，守住不发生系统性金融风险的底线。同年，沪深交易所分别发布《公司债券存续期信用风险管理指引（试行）》，强调债券发行人及受托管理人的核心作用，促进企业主动进行信用风险管理。同年，中国证券业协会发布了《公司债券受托管理人处置公司债券违约风险指引》，要求公司建立债券违约风险处置应急管理制度并严格执行。尤其是党的十九大特别提出把防范化解重大风险放在三大攻坚战之首，再次深刻指出了风险防范的重要性。本项研究试图构建一个整合分析框架，从不同维度考察中国上市公司违约风险的影响因素，探究违约风险形成的内在逻辑，不仅能够为上市公司构筑风险防范体系提供实践指导，而且能够为监管部门完善配套制度设计提供政策建议。

第二节　研究框架

本项研究基于企业管理实践，按照“目标—监督—执行”的逻辑框架，探究企业违约风险的影响因素，具体而言：

基于目标视角，企业战略是一个自上而下的整体性规划过程，它界定了企业未来的发展方向和远景目标，并规划了目标实现的可行路径和方案，在企业经营过程中具有全局指导作用。因此，战略定位不仅会影响企业的资源配置，还能够对管理者行为进行有效约束，进而对企业违约风险产生影响。

基于监督视角，内部控制是单位内部建立的使各项业务活动互相联

① 十九大报告中的加快完善社会主义市场经济体制部分指出，我国应“健全金融监管体系，守住不发生系统性金融风险的底线”。

系、互相制约的措施、方法和规程。在市场竞争日趋激烈的环境下，加强内部管理成为保障各项经营活动有序、高效进行的必要前提。内部控制制度能够通过在各项规划落地执行过程中对管理者、股东、员工等的有力监督影响企业违约风险。因此，将内部控制纳入企业违约风险的讨论范畴具有重要意义。

基于执行视角，一方面，创新活动是企业提升核心竞争力、实现长远发展的必要决策，也是建设创新型国家、实现由“中国制造”到“中国智造”转型的必经之路，但是高风险、高收益的双重特征决定了企业创新可能在资金、管理等方面面临巨大挑战；另一方面，金融安全是中国经济健康发展的重要保障，特别是在中国经济发展进入“新常态”的时代背景下，如何遵循金融发展规律，提高金融资源配置效率，引导金融服务于实体经济，促进金融与经济协调健康发展，是我国现阶段的重要任务。因此，将创新决策和金融资产配置纳入企业违约风险的讨论范畴具有重要意义。

本项研究的整体框架如图 1-2 所示。

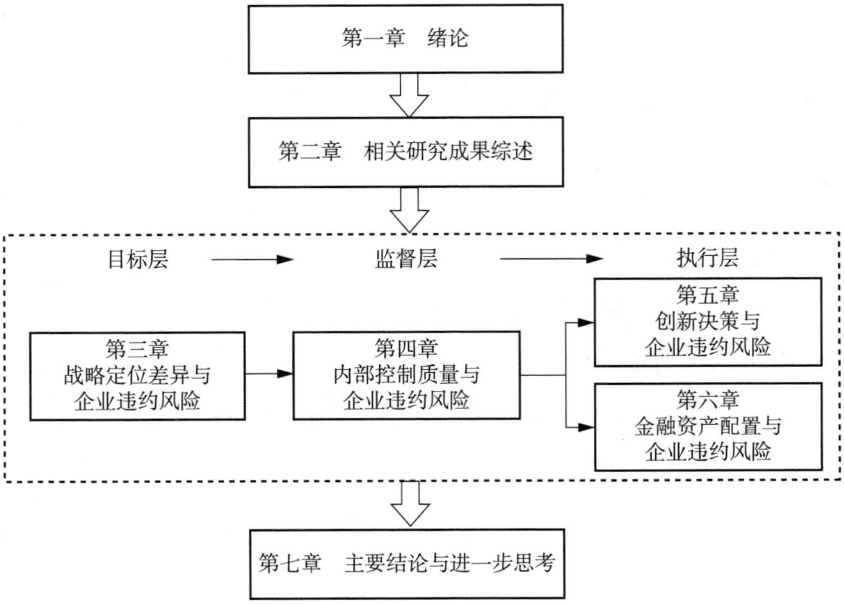

图 1-2　研究框架

第三节 研究意义

本项研究的理论意义主要体现在以下两个方面：

第一，揭示中国上市公司违约风险的现状。伴随着宏观经济下行和资本市场扩容，企业违约风险加速暴露，但是由于受到数据可得性的限制，我国企业违约风险的现状并不十分清晰。本项研究拟结合中国企业管理实践，以期权定价理论为依据，科学评估中国上市公司违约风险的现状。

第二，拓展违约风险影响因素的研究范畴。已有的关于企业违约风险影响因素的考察尚未形成统一的研究框架，本项研究探究典型财务行为与企业违约风险之间的关系，并在此基础上进一步从公司治理的视角讨论企业违约风险的影响因素，紧扣当下我国社会的时代背景，能够为现代风险监管框架的构建提供理论依据。

本项研究的实践意义主要体现在以下两个方面：

第一，为监管机构制定政策方针提供实践指导。中国正处在结构化去杠杆、系统性金融风险防范的关键时期，本项研究深入剖析上市公司违约风险的变动原因，在将违约风险研究推向深化的同时，加深对我国上市公司违约现状的认识与理解，为监管机构防范、化解系统性金融风险提供新的思路和解决方案。

第二，为上市公司加强风险防控提供可行路径。风险的大小决定了企业未来发展的可持续性，完善企业风险管理体系建设，不仅有利于加强企业自身的经营稳定性，而且有利于促进中国经济的长期繁荣。

第二章

相关研究成果综述

第一节　企业违约风险的相关研究

一、内部公司特征与企业违约风险

企业自身财务状况在客观条件上决定了企业偿还借款的能力。Altman（1968）通过对美国破产和非破产的生产性企业进行对比分析，认为财务状况能够对企业的破产可能性进行预测，通过数理统计方法对 22 个财务指标进行筛选，最终构建了著名的 5 变量 Z-score 模型。该指标值越小，企业破产风险越大。Campbell 和 Dietrich（1983）利用 1960—1980 年的美国贷款数据进行多元 Logit 回归分析。实证结果表明，当期以及期初的贷款价值比对违约概率存在显著影响，说明企业的违约概率受到之前年度贷款表现的显著影响。地区失业率是另一个重要影响因素，随着地区失业率的上升，企业违约概率显著增加。

公司治理机制对于缓解企业委托—代理问题具有重要作用，能够显著影响企业偿还借款的积极性。现有研究主要考察了盈余质量和所有权结构两方面因素对企业债务违约风险的影响。从盈余质量角度出发，Goncharov 和 Zimmermann（2007）提出会计信息是银行评估企业违约风险的重要依据，以俄罗斯 1999—2004 年的数据为样本，探究银行信贷决策对企业会计信息的影响。结果表明，在申请银行借款的过程中，企业会期望通过盈余管理的方式获取更多借款，在成功获得借款之后，企业同样会进行盈余管理，以应对银行的监管机制。国内学者叶志锋和胡玉明（2009）也考察了盈余管理行为对企业违约风险的影响。以具有明显盈余管理特征的微利企业作为研究样本，发现微利企业的债务违约率与利润为负的相邻公司没有显著差异，但显著大于利润为正的相邻公司，即盈余管理企业的债务违约率相对更高。由此说明，我国银行业不能对企业的盈余操纵行为进行有效识别，导致银行资源的不合理配置和不良借款的发生。从所有权结构角度出发，Chiang 等（2015）以中国台湾 1998—2009 年的数据为样本，实证检验了所有权结构和董事会特征对企业违约风险的影响。具体而言，基于外部治理，机构投资者持股和管理层持股能够有效降低企业的违约风险，而大股东持股会增加企业的违约风险；基于内部治理，随着董事会薪酬的增加，董事会的监督作用减弱，促使企业违约风险上升。进一步研究表明，公司治理对企业违约风险的影响与行业特征显著相关，与传统行业相比，二者之间的关系在高科技企业更加显著。Zeitun 和 Tian（2007）对 1989—2002 年约旦的 59 家企业进行研究，同样发现股权集中度与企业违约风险正相关，而政府持股能够降低企业的违约风险，但同时会对企业绩效产生负面影响。

二、资本市场表现与企业违约风险

流动性较高的市场能够使股票以较低的成本快速交易。具体而言，股票流动性具有两面性：一方面，有可能增加噪声交易，引起股票更大的定价偏差以及更高的波动，从而使企业违约风险增加；另一方面，由于增加了投资者快速退出的能力，使企业的定价效率有所提升，公司治理也更加完善，进而能够降低企业的违约风险。因此，在理论上，股票流动性对企业违约风险的影响并不能得到一致的结论。Brogaard 等（2017）以 1993—2013 年美国上市企业为研究样本，通过实证检验支持了股票流动性与企业违约风险之间的负相关关系，并进一步对影响机制进行考察，以股票收益自相关性和股价同步性衡量信息效率，以大股东持股比例和大股东数量衡量公司治理，数据结果表明，两种影响机制均显著存在，并且信息效率机制的解释力相对更强。

三、非正式制度安排与企业违约风险

由于信息不对称，借贷双方交易中普遍存在逆向选择和道德风险，使以抵押为主要形式的担保被广泛应用。逆向选择模型认为，抵押品可以作为信用较高企业的标志，帮助企业获得更加有利的贷款条件，因此，抵押品和违约风险负相关。Besanko 和 Thakor（1987）、Bester（1994）认为，当企业提供抵押品时，如果发生违约，企业将面临损失，因而抵押品能够降低借款企业违约的动机，减少逆向选择。Chan 和 Kanatas（1985）、Chan 和 Thakor（1987）认为，抵押品具有信号作用，信用较高的企业愿意主动提供抵押品以降低逆向选择。Jiménez 和 Saurina（2004）采用 1988—2000 年西班牙的贷款数据，综合考察了抵押品、贷款机构类型以及银企关系对企业违约风险的影响。抵押品既可能是企业主动传递良好信用的信号，也可能是银行对信用较差企业的强制筛选标准，实证检验结果对后者进行了支持，即抵押品与企业违约风险正相关。道德风险模型认为，抵押品是银行预防信用较差企业违约的工具，即抵押品和违约风险正相关。Manove 等（2001）认为导致出现这一现象的原因有两个：一是当企业提供了较多的抵押品时，银行筛选及监督的动机将大大减小；二是由于抵押品为企业获得贷款提供了渠道，导致企业为了获得较多贷款，倾向于低估自身违约的可能性，尽可能提供较多的抵押品以获得更多贷款。Menkhoff 等（2006）、Ono 和 Uesugi（2009）分别通过泰国和日本数据证实，抵押品是银行降低借款者风险的主要手段，信用较低的借款者通常被要求提供较多的抵押品。

国内学者尹志超和甘犁（2011）以某国有银行省分行 2002—2009 年的真实企业贷款数据，考察抵押对信贷质量的影响，当贷款被划分为次级、可疑、损失三类时，违约虚拟变量取值为 1。实证结果表明，抵押与违约风险显著正相关，但与损失显著负相关。也就是说，抵押虽然导致企业违约的可能性增加，但对于不良资产最终发展为损失仍具有一定的防范作用。冷奥琳等（2015）以 2007—2011 年我国发行债券的上市公司为研究对象，以债券利差衡量企业违约风险，考察担保业务对企业违约风险的影响。结合我国制度背景，在控制产权性质的影响后，担保并不会增加企业的违约风险。但在国有企业中，由于缺乏风险防范措施以及利益输送的存在，使国有企业对外担保与企业违约风险显著正相关。也就是说，在风险防范完善的情况下，抵押可以作为传递信用良好的信号，不会增加企业违约风险。

担保作为一种强制手段成为银行降低企业违约风险的重要保证，银行与企业之间的地理距离以及信用评级也显著影响企业的违约风险。以 1993—1998 年美国 7000 家商业银行作为研究样本，Berger 和 DeYoung（2001）认为地理距离增加了银行对贷款企业信息搜集的难度和成本，引起监督成本的升高和监督效率的下降，由此导致企业违约风险随着借贷双方地理距离的扩大而增加，但是并不存在一个统一的最优地理距离。Berger 和 DeYoung（2006）进一步提出银行可以通过技术进步降低由于地理距离引起的代理成本，进而降低企业违约风险。DeYoung 等（2008）以 1984—2001 年美国商业银行的小企业贷款数据为研究样本，发现地理距离和信用评级均与企业违约风险显著正相关。其中，前者由于信息搜集成本的增加而引起违约风险上升，但数据结果表明，这一关系随着时间的推移而有所减弱，可能是由银行产业结构变化以及科技进步等因素导致的。后者则由于银行为了提高效率，批准较多信用评级较高的贷款，在牺牲违约率的同时获得了随之而来的好处，如规模经济、手续费收益、资产多样化等。但当二者同时存在时，信用评级能够缓解由地理距离导致的违约风险上升。

除银企关系对企业违约风险具有显著影响外，Favara 等（2017）、陈德球等（2013）、许浩然和荆新（2016）、郑世林等（2016）分别基于债务契约执行完善度、社会破产成本、社会关系网络以及房地产限购政策视角，对企业违约风险进行了考察。Favara 等（2017）基于股东和债权人之间存在的两种冲突，即投资不足（Myers，1977）和风险转移（Jensen 和 Meckling，1976），检验了债务契约执行对违约风险程度不同的企业财务行为产生影响的差异。通过构建理论模型，并利用 41 个国家的面板数据进行检验，结果表明，在债务契约执行更严格的国家中，陷入财务困境的企业投资更少、资产增长更少，并且风险承担更多，验证了投资不足和风险转移现象的存在。并且，债务契约不完全执行的概率越大，股东预期企业从违约中恢复的可能性越大，从而减少投资不足和风险转移的发生。陈德球等（2013）以企业是否存在逾期违约事件的虚拟变量衡量企业债务违约，通过对我国 A 股上市公司 2002—2010 年的数据进行研究，发现社会破产成本会增加企业的贷款违约概率。这主要由于银行降低了对社会破产成本承担较多企业的事前筛选标准和事后监督力度。具体而言，筛选标准的下降使低质量的国有企业能够获得较多贷款，因而违约概率较高；同时，社会成本较高的企业存在更严重的道德风险，银行监督力度的放松进一步使低质量的企业在获得贷款后没有动力进行良好经营，投资效率较低，进而引发贷款违约。许浩然和荆新（2016）基于社会关系网络，研究非正式制度安排对企业违约风险的影响。社会关系网络对企业违约风险的影响体现在：第一，社会关系网络能够同时发挥隐性担保和信息中介的双重作用，使企业获得更为宽松的债务约束条件；第二，社会关系网络有利于提高公司的资源获取能力，进而改善企业的经营业绩和财务状况；第三，当公司陷入财务困境时，社会关系网络能够提供救助，帮助企业避免债务违约。因此，社会关系网络能够降低企业的违约风险。但是，在国有企业和市场化水平较高的地区，这种降低作用被弱化。中国部分城市于 2010—2011 年实行了住房限购政策，郑世林等（2016）以 2003—2013 年为研究区间，采用倍差法考察房地产限购政策对各行业上市公司违约风险的影响。研究结果表明，房地产限购政策对上市公司违约风险具有显著的抑制作用，并且限购政策执行越严格，上市公司的违约风险下降程度越大，但这种作用主要体现在一线、二线大城市中。对影响路径的研究表明，房地产限购政策主要通过降低房价增速和房地产投资，改变房地产相关产业链上公司的经营状况，进而影响违约风险。

四、宏观经济环境与企业违约风险

企业发展状况与宏观经济周期密切相关，企业违约风险也会随着经济周期发生变化。Wilson（1998）以宏观经济因素包括 GDP 增长率和失业率预测企业违约概率，并将预测值与违约概率实际值进行对比，结果表明，宏观经济因素能够解释大部分平均违约概率的变化，在经济萧条时期，企业违约概率显著上升，并且这一关系在美国、英国、德国、日本等多个国家得到了验证。Allen 和 Saunders（2004）在对已有文献进行总结的基础上，提出违约风险具有明显的周期性，在经济衰退时期，违约风险呈现升高趋势。Koopman 和 Lucas（2005）对 1933—1997 年美国企业违约风险与宏观经济之间的关系进行了研究。以业务失败率作为违约风险的替代变量，实证结果显示，在短期，GDP 与违约风险负相关，即在经济衰退时期，企业的违约风险更高；但是在长期，仅信用价差对违约风险和 GDP 存在显著影响，反向关系并不成立。Jarrow（2001）、Jiménez 和 Mencía（2009）均将宏观经济因素纳入违约风险的预测模型中，同样验证了违约风险与经济周期之间存在强相关性，并且当经济处于下行周期时，企业的违约风险更高。

货币政策作为政府调节经济发展的变速器，成为对企业违约风险存在显著影响的重要因素。Fridson 等（1997）采用 1971—1995 年的美国季度数据，对垃圾债券的违约率与实际利率之间的关系进行了研究。基于 Jonsson 等（1996）的已有模型，在加入实际利率后，模型的解释力大大提升，结果显示，垃圾债券的违约概率与滞后两期的实际利率显著正相关，因而实际利率可以帮助投资者对企业违约概率进行预测。但是，Kaplin 等（2009）对美国 1982—2008 年违约数据的研究表明，短期利率变化与企业违约概率显著负相关，并且这种关系在金融危机期间尤其显著。

第二节 文献述评

债务融资一直是企业获取资金支持的主要方式之一，企业违约风险不仅影响单个企业的兴衰，也会对经济社会的整体发展产生不利影响。近年来，企业违约风险已经得到了越来越多学者的关注，可以进一步从以下方面展开讨论。

首先，现有关于违约风险影响因素的研究成果主要集中在企业内部特征、资本市场表现、非正式制度安排以及宏观经济环境四个方面。对于企业内部特征，学者们主要对企业财务状况以及公司治理机制进行了关注。金融资产配置、内部控制质量等均与企业违约风险存在密切关联，然而已有文献尚未对此关注。

其次，国外关于违约风险影响因素方面的研究相对丰富，而国内在这一领域的研究则相对匮乏，主要由于企业违约风险相关数据难以获取。本项研究以期权定价理论为基础，采用简化违约概率衡量企业违约风险，为基于中国市场数据开展大样本实证讨论奠定了基础。

最后，作为典型的转型经济国家，我国市场经济体制近年来逐步完善，法治环境愈加健全，但仍存在一定的不足，使影响企业违约风险的因素更加复杂。因此，基于中国企业开展的经验研究，应充分考虑我国特色制度背景对企业决策的影响，从而对中国上市公司的债务融资行为有更加清晰全面的认识。

参考文献

[1] Allen, L., Saunders, A. Incorporating Systemic Influences into Risk Measurements: A Survey of the Literature [J]. Journal of Financial Services Re-

search, 2004, 26 (2): 161-191.

[2] Altman, E. I. Financial Ratios, Discriminant Analysis and the Prediction of Corporate Bankruptcy [J]. Journal of Finance, 1968, 23 (4): 589-609.

[3] Berger, A. N., DeYoung, R. The Effects of Geographic Expansion on Bank Efficiency [J]. Journal of Financial Services Research, 2001, 19 (2): 163-184.

[4] Berger, A. N., DeYoung, R. Technological Progress and the Geographic Expansion of the Banking Industry [J]. Journal of Money, Credit, and Banking, 2006, 38 (6): 1483-1513.

[5] Besanko, D., Thakor, A. V. Competitive Equilibrium in the Credit Market Under Asymmetric Information [J]. Journal of Economic Theory, 1987, 42 (1): 167-182.

[6] Bester, H. The Role of Collateral in a Model of Debt Renegotiation [J]. Journal of Money, Credit and Banking, 1994, 26 (1): 72-86.

[7] Bharath, S. T., Shumway, T. Forecasting Default with the Merton Distance to Default Model [J]. Review of Financial Studies, 2008, 21 (3): 1339-1369.

[8] Brogaard, J., Li, D., Xia, Y. Stock Liquidity and Default Risk [J]. Journal of Financial Economics, 2017, 124 (3): 486-502.

[9] Campbell, T. S., Dietrich, J. K. The Determinants of Default on Insured Conventional Residential Mortgage Loans [J]. Journal of Finance, 1983, 38 (5): 1569-1581.

[10] Chan, Y. S., Kanatas, G. Asymmetric Valuations and the Role of Collateral in Loan Agreements [J]. Journal of Money, Credit and Banking, 1985, 17 (1): 84-95.

[11] Chan, Y. S., Thakor, A. V. Collateral and Competitive Equilibria

with Moral Hazard and Private Information [J]. Journal of Finance, 1987, 42 (2): 345-363.

[12] Chiang, S. M., Chung, H., Huang, C. M. A Note on Board Characteristics, Ownership Structure and Default Risk in Taiwan [J]. Accounting and Finance, 2015, 55 (1): 57-74.

[13] DeYoung, R., Glennon, D., Nigro, P. Borrower-Lender Distance, Credit Scoring, and Loan Performance: Evidence from Informational-Opaque Small Business Borrowers [J]. Journal of Financial Intermediation, 2008, 17 (1): 113-143.

[14] Favara, G., Morellec, E., Schroth, E., et al. Debt Enforcement, Investment, and Risk Taking Across Countries [J]. Journal of Financial Economics, 2017, 123 (1): 22-41.

[15] Fridson, M. S., Garman, M. C., Wu, S. Real Interest Rates and the Default Rate on High-Yield Bonds [J]. Journal of Fixed Income, 1997, 7 (2): 29-34.

[16] Goncharov, I., Zimmermann, J. The Supply of and Demand for Accounting Information [J]. Economics of Transition, 2007, 15 (2): 257-283.

[17] Jarrow, R. Default Parameter Estimation Using Market Prices [J]. Financial Analysts Journal, 2001, 57 (5): 75-92.

[18] Jensen, M. C., Meckling, W. H. Theory of the Firm: Managerial Behavior, Agency Costs and Ownership Structure [J]. Journal of Financial Economics, 1976, 3 (4): 305-360.

[19] Jiménez, G., Saurina, J. Collateral, Type of Lender and Relationship Banking as Determinants of Credit Risk [J]. Journal of Banking and Finance, 2004, 28 (9): 2191-2212.

[20] Jonsson, J. G., Fridson, M. S., Zhong, H. Advances in Default Rate Forecasting [J]. Merrill Lynch Global Securities Research and Economics

Group, May/June, 1996.

[21] Kaplin, A., Levy, A., Qu, S., et al. The Relationship between Default Risk and Interest Rates: An Empirical Study [J]. Moody's Analytics, Moody's KMV Company, 2009.

[22] Koopman, S. J., Lucas, A. Business and Default Cycles for Credit Risk [J]. Journal of Applied Econometrics, 2005, 20 (2): 311-323.

[23] Manove, M., Padilla, A. J., Pagano, M. Collateral versus Project Screening: A Model of Lazy Banks [J]. Rand Journal of Economics, 2001, 32 (4): 726-744.

[24] Menkhoff, L., Neuberger, D., Suwanaporn, C. Collateral-Based Lending in Emerging Markets: Evidence from Thailand [J]. Journal of Banking and Finance, 2006, 30 (1): 1-21.

[25] Myers, S. C. Determinants of Corporate Borrowing [J]. Journal of Financial Economics, 1977, 5 (2): 147-175.

[26] Ono, A., Uesugi, I. Role of Collateral and Personal Guarantees in Relationship Lending: Evidence from Japan's SME Loan Market [J]. Journal of Money, Credit and Banking, 2009, 41 (5): 935-960.

[27] Wilson, T. C. Portfolio Credit Risk [J]. Economic Policy Review, 1998, 4 (3): 71-82.

[28] Zeitun, R., Tian, G. G. Does Ownership Affect a Firm's Performance and Default Risk in Jordan? [J]. Corporate Governance: The International Journal of Business in Society, 2007, 7 (1): 66-82.

[29] 陈德球，刘经纬，董志勇．社会破产成本、企业债务违约与信贷资金配置效率 [J]．金融研究，2013 (11)：68-81.

[30] 冷奥琳，张俊瑞，邢光远．公司对外担保违约风险传递机理和影响效应研究：基于上市公司债券利差数据的实证分析 [J]．管理评论，2015 (7)：3-14.

［31］许浩然，荆新．社会关系网络与公司债务违约：基于中国 A 股上市公司的经验证据［J］．财贸经济，2016（9）：36-52.

［32］叶志锋，胡玉明．盈余管理、债权保护与债务违约率：来自中国证券市场的证据［J］．山西财经大学学报，2009（11）：67-73.

［33］尹志超，甘犁．信息不对称、企业异质性与信贷风险［J］．经济研究，2011（9）：121-132.

［34］郑世林，韩高峰，石光．房地产限购对公司违约风险的影响［J］．世界经济，2016，（10）：150-173.

第三章

目标视角：战略定位差异与企业违约风险

第一节 引言

企业违约风险受到多方面因素的影响，会计信息（Altman，1968；Campbell 和 Dietrich，1983）、公司治理水平（Campbell 和 Dietrich，1983；Goncharov 和 Zimmermann，2007；Zeitun 和 Tian，2007；Chiang 等，2015）、抵押品（Chan 和 Thakor，1987；Manove 等，2001；Jiménez 和 Saurina，2004；Menkhoff 等，2006；Ono 和 Uesugi，2009），以及宏观经济环境（Wilson，1998；Allen 和 Saunders，2004；Koopman 和 Lucas，2005；Kaplin 等，2009）等均会影响企业违约的可能性。由于受到数据可得性的限制，我国学者在这方面的研究相对较少，近年主要对盈余管理（叶志锋和胡玉明，2009）、抵押品（尹志超和甘犁，2011；冷奥琳等，2015）、社会破产成本（陈德球等，2013）以及社会关系网络（许浩然和荆新，2016）等方面进行了关注。根据期权定价理论，企业权益是企业潜在价值的看涨期权，其中行权价格等于企业债务的账面价值，当企业资产的价值低于企业债务的账面价值时，企业即发生违约（Merton，1974）。因此，在给定违约临界点的情况下，资产价值的概率分布成为决定企业违约风险的重要因素，而这一分布同时受到资产价值大小与资产价值波动性两方面因素的影响。战略定位是企业获得可持续竞争优势的必要前提，决定了企业的资源配置方式（Mintzberg，1978；Hitt 等，2012），因而会对企业价值产生影响。我们认为存在“战略定位—代理成本—企业价值大小/波动程度—违约风险”以及“战略定位—经营风险—企业价值大小/波动程度—违约风险”两条影响路径。一方面，战略差异度较大的企业难以采用行业常规标准进行评价，因而信息不对称程度较高（Carpenter，2000；叶康涛等，2015），这就为管理层谋取私有收益创造了空间；另一方面，由于未经实践检验，战略差异度较大的企业既可能获得极大的成功，也可能面临极大的失败（Tang 等，2011；王化成等，2017），企业经营风险较高。严重的代理问题和较高的经营风险都会导致企业价值下降而波动程度升高，增加企业发生违约的概率。基于此，本章将战略理论与财务理论相结合，对战略定位差异与企业违约风险之间的关系进行探讨。

本章以我国沪深两市 A 股上市公司 2003—2016 年的数据为研究样本，以期权定价理论为基础衡量企业违约风险，实证检验战略定位差异对企业违约风险的影响，以及业绩期望差距对二者之间关系的监督作用。实证结果表明，战略差异度越大的企业发生违约的可能性越大，业绩期望差距能够成为战略执行情况的有效检验机制，业绩期望落差会增强战略差异度对企业违约风险的正向影响，业绩期望顺差会抑制战略差异度对企业违约风险的正向影响。进一步研究表明，代理成本和经营风险是战略定位差异影响企业违约风险的两条重要路径。

本章的研究贡献主要体现在以下三个方面：

第一，本章以战略定位为切入点，拓展了企业违约风险影响因素的分析框架。现有研究主要关注了会计信息（Altman，1968；Campbell 和 Dietrich，1983；叶志锋和胡玉明，2009）、公司治理水平（Goncharov 和 Zimmermann，2007；Zeitun 和 Tian，2007；Chiang 等，2015；Brogaard 等，2017）以及宏观经济环境（Wilson，1998；Allen 和 Saunders，2004；Koopman 和 Lucas，2005；Kaplin 等，2009）等对企业违约风险的影响，战略定位直接影响企业财务决策的制定，是决定企业违约风险大小不可忽视的重要因素，但尚无研究对此关注。本章将战略理论融入财务理论，探讨不同企业的战略定位差异对违约风险的影响，能够丰富对企业违约风险影响因素的理解。

第二，本章基于行为金融理论，揭示了业绩期望差距对于保证企业战略有效执行的重要作用。随着企业违约事件的普遍增加，战略定位作为企业发展指导方针的重要地位愈加突显。恰当的战略定位能够为企业指明未来发展的方向，但实现这一目标的前提是战略能够得到有效执行。本章创新性地引入业绩期望差距变量，印证了业绩评价标准在区分企业战略执行效果方面发挥的作用，使业绩期望差距能够成为上市公司进行战略调整的主要参考依据。

第三，本章从代理成本和经营风险两个方面出发，厘清了战略定位影响企业违约风险的作用机制。企业发展需要同时兼顾盈利增长的目标以及风险管控的底线，如何保证企业在快速成长的前提下，合理优化资源配置，构建风险防范体系，对于企业的长期稳定发展具有重要意义。本章从企业内部环境出发，系统分析战略定位对企业违约风险的影响机理，能够为企业和相关监管部门进行风险管理提供实践指导。

第二节　理论分析与假设提出

一、战略定位差异与企业违约风险

战略作为企业构建核心竞争力而对未来进行的全局性、长期性规划（Hitt 等，2012），会受到外部行业环境和企业自身资源禀赋的影响。从产业组织理论的角度看，处于同一行业内的企业会面临相似的监管制度和经营环境，不同企业的相互学习和模仿会促使行业内形成一套与行业特征相符的常规战略模式（DiMaggio 和 Powell，1983），从而确保企业的决策行为具有一致性。从资源基础理论的角度看，企业是多种资源的集合体（Penrose，1959；Wernerfelt，1984），资源的异质性决定了企业竞争力的差异。为了获取超额利润，拥有独特资源的企业会根据自身特点进行战略调整，偏离行业常规战略模式。战略差异度作为衡量企业战略偏离行业常规战略模式的指标获得广泛重视（Carpenter，2000；Tang 等，2011）。

从战略定位对企业价值的影响来看，企业的战略定位会通过改变代理成本影响企业价值。当企业战略差异度较大时，投资者信息搜集的难度和成本大幅增加，无法依据行业常规标准对企业进行评估，投资者和企业之间的信息不对称程度升高（Carpenter，2000）。叶康涛等（2015）提出企业战略差异度的提升会导致企业应计项目的盈余管理。可以说，偏离行业常规的战略模式导致企业较少受到外部投资者的监管，给予了管理者谋求私有收益的空间，企业的代理成本相对较高，此时企业价值降低以及企业价值波动程度升高的可能性也增加。此外，企业的战略定位会通过经营风险对企业价值产生影响。Geletkanycz 和 Hambrick（1997）认为，行业常规战略是企业在实践中形成的、符合行业发展趋势的可行战略，偏离行业常规战略的企业将付出更多的时间、人力、资金等成本。Finkelstein 和 Hambrick（1990）、Hiller 和 Hambrick（2005）、Tang 等（2011）均提出企业战略差异度越大，企业的业绩波动越大，盈余持续性越差。另外，采用行业常规战略的企业更容易得到政府的认可，并获取必要的资源支持（Meyer 和 Rowan，1977）。当企业战略差异度较大时，企业适应行业环境的难度升高，经营风险加大，同样会导致企业价值的大小有所降低，而波动程度有所升高。

从违约风险的角度看，根据 Merton（1974）对违约的定义，企业的权益是企业潜在价值的看涨期权，其中行权价格等于企业债务的账面价值，当企业资产的价值低于企业债务的账面价值时，企业即发生违约。图 3-1 描述了理论预期违约概率的形成机理。期权定价理论假定企业资产价值服从正态分布，图 3-1 中的曲线代表了资产价值的概率分布情况，下方的直线代表企业可能发生违约的临界点，为企业债务账面价值的大小。那么在债务到期时，资产价值的正态分布曲线位于违约临界点下方的部分，即图中阴影部分面积，则代表了企业可能发生违约概率的大小。由此可知，在给定违约临界点的情况下，企业违约风险的大小取决于资产价值的概率分布，而资产价值的概率分布曲线受到两方面因素的影响：其一，如果资产价值的大小增加，那么曲线将向上平移，阴影部分面积减小，企业发生违约的可能性降低；其二，如果资产价值的波动增加，那么曲线形状改变，纵向间距扩大，阴影部分面积增加，企业发生违约的可能性升高。

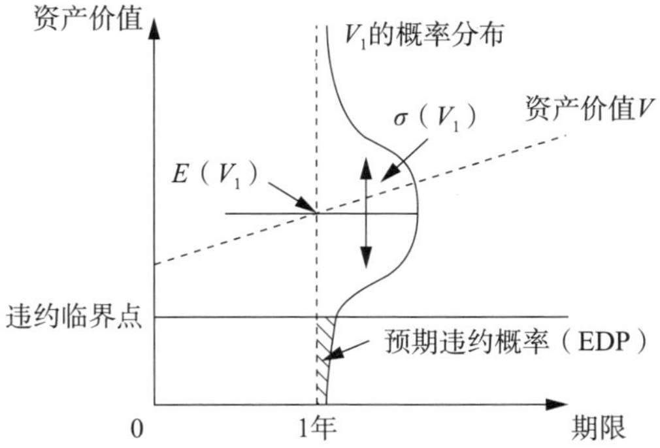

图 3-1　企业违约风险理论值

资料来源：McQuown, J. A. A Comment on Market vs. Accounting Based Measures of Default Risk [J]. Mimeo, KMV Corporation, 1993.

基于以上分析，我们认为存在“战略定位—代理成本—企业价值/波动程度—违约风险”以及“战略定位—经营风险—企业价值/波动程度—违约风险”两条影响路径。从代理成本的角度看，当企业战略差异度较大时，较高的代理成本会损害企业的决策行为，导致企业价值下降，而波动程度上升（Carpenter，2000；叶康涛等，2015）；从经营风险的角度看，当企业战略差异度较大时，企业经营风险相对提升，会对企业价值产生相同的作用效果（Finkelstein 和 Hambrick，1990；Tang 等，2011；王化成等，2017；王百强和伍利娜，2017）。图 3-2 描述了战略差异度增加导致企业价值下降的情境。随着企业战略差异度增加，资产价值的概率分布曲线向下移动至虚线位置，曲线位置向下移动增加了企业资产价值低于债务价值的可能性，从而使阴影部分面积增加，即企业违约风险增加。图 3-3 描述了战略差异度增加导致企业价值波动率变大的情境。随着企业战略差异度增加，资产价值的概率分布曲线波动间距扩大至虚线位置，曲线形态的改变同样使阴影部分面积增加，提高了企业发生违约的可能性。

基于此，本章提出假设 H1：

H1：战略定位差异越大，企业违约风险越大。

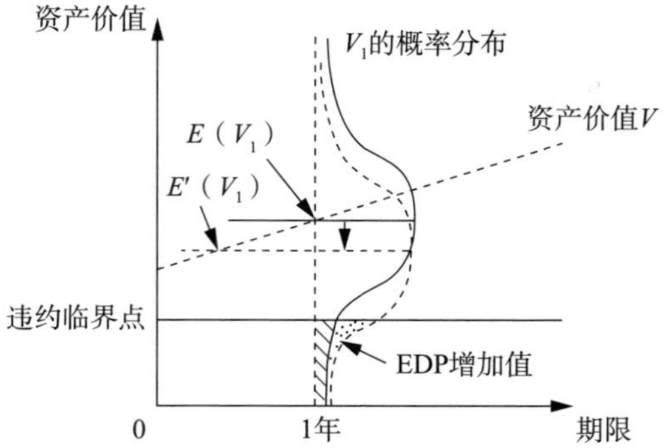

图 3-2　企业违约风险理论增加值——战略定位差异减少资产价值的均值

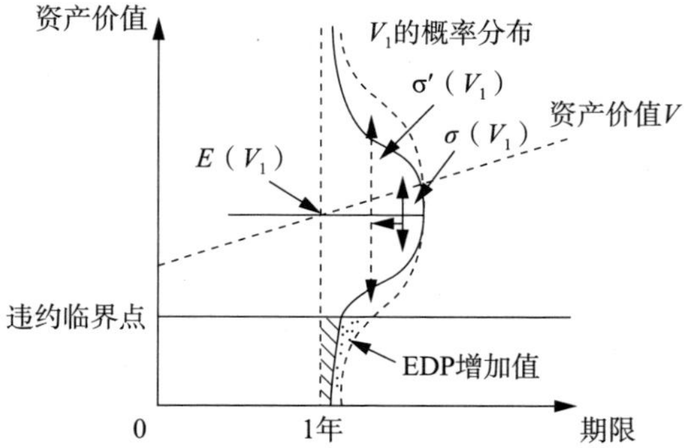

图 3-3　企业违约风险理论增加值——战略定位差异增加资产价值的标准差

二、战略定位差异、业绩期望差距与企业违约风险

管理者的决策行为不仅与企业当期及未来的发展状况有关，还会受到历史设定期望水平的显著影响（Zajac 和 Kraatz，1993），当实际业绩低于期望水平时，组织处于“损失”状态，而当实际业绩高于期望水平时，组织处于“收益”状态。在这两种不同的状态下，管理者的决策行为会存在巨大差异（Cyert 和 March，1963）。Kahneman 和 Tversky（1979）的前景理论认为，人并非绝对理性，选择中包含确定性收益时的风险规避以及包含确定性损失时的风险偏好同时存在。因此，“收益”状态会降低管理者的风险偏好，使其做出稳健的财务决策，而“损失”状态会提高管理者的

风险偏好，使其财务决策更加激进。此外，前景理论认为，人们对损失更加敏感，而人们对得失的判断取决于选择的参照点，对于企业而言，实际业绩与历史业绩以及行业业绩之间的差异成为管理者的直接决策依据。因此，实际业绩与期望业绩之间的相对差距有可能改变管理者的风险偏好，进而对战略定位与企业违约风险之间的关系构成影响。

当企业处于“收益”状态时，实际业绩高于期望水平，企业的资产价值有所提升，资产价值的概率分布曲线向上平移（图3-4），管理层可能从企业的“收益”状态中获取个人利益。从前景理论来看，在确定性收益与“赌一把”之间，人们更偏好确定性收益，这种对收益风险规避的态度会促使管理者维持现有状态，减少企业价值的波动（图3-5）。因此，“收益”状态能够同时增加资产价值的均值并减少资产价值的波动，使资产价值低于债务价值的可能性减小，进而抑制战略定位差异对企业违约风险的正向影响。

当企业处于“损失”状态时，实际业绩低于期望水平，企业的资产价值有所降低，资产价值的概率分布曲线向下平移（图3-6），即使不采取激进的经营策略，管理层也无法从现有状态中获得收益。从前景理论来看，在面对确定性损失与“赌一把”之间，管理层更倾向于采取冒险性的经营行为，希望在小概率情况下挽回损失，这种对损失的风险偏好可能增加企业资产价值的波动幅度，使资产价值的概率分布曲线波动间距扩大（图3-7）。所以，在“损失”状态下，企业的资产价值有所降低，企业价值的波动率呈现出上升趋势，可能加剧战略定位差异与企业违约风险之间的正相关关系。

基于此，本章提出假设H2和H3：

H2：业绩期望顺差会削弱战略定位差异与企业违约风险之间的正相关关系。

H3：业绩期望落差会加强战略定位差异与企业违约风险之间的正相关关系。

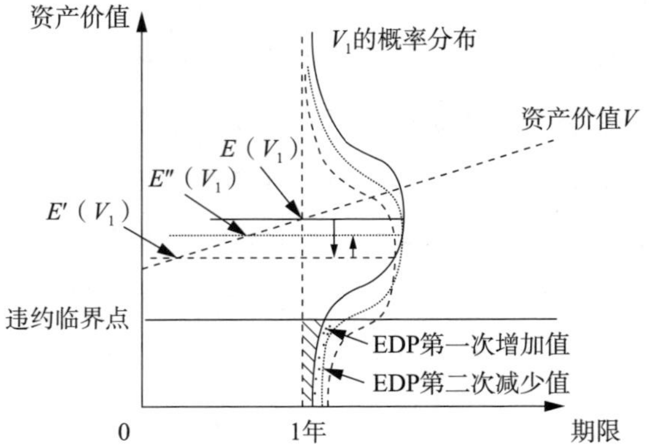

图 3-4　企业违约风险理论减少值——业绩期望顺差增加资产价值的均值

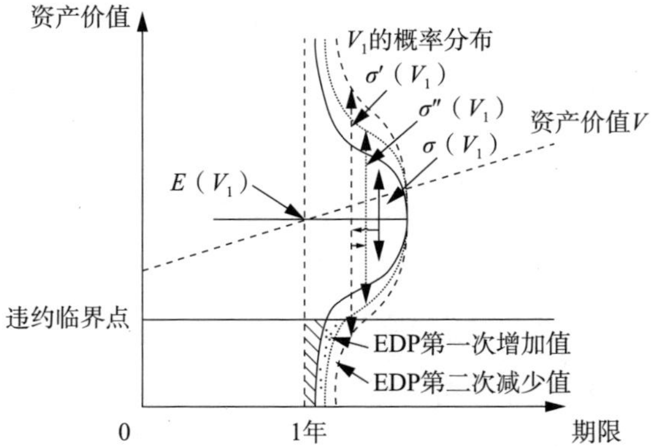

图 3-5　企业违约风险理论减少值——业绩期望顺差减少资产价值的标准差

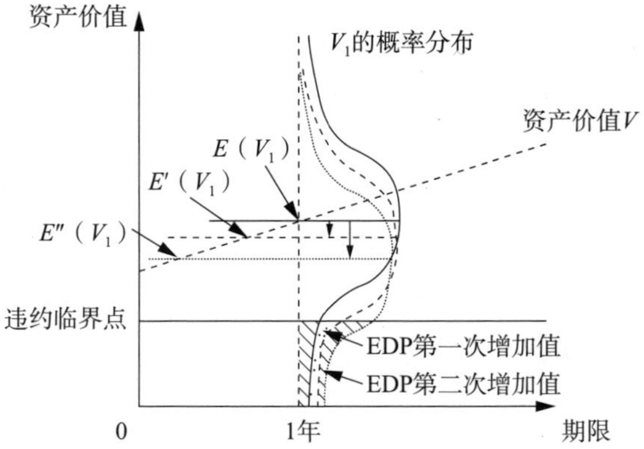

图 3-6　企业违约风险理论增加值——业绩期望落差减少资产价值的均值

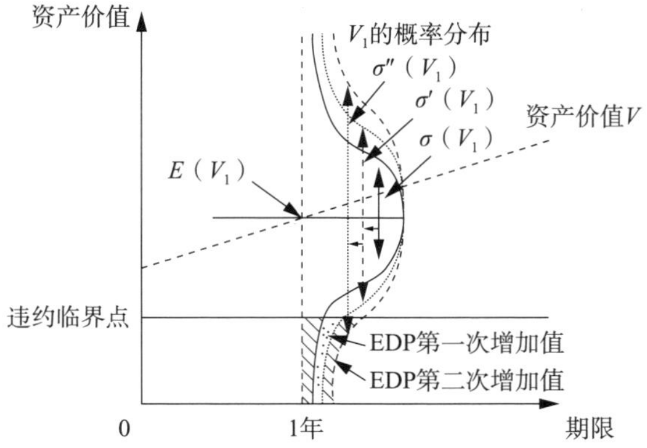

图 3-7 企业违约风险理论增加值——业绩期望落差增加资产价值的标准差

第三节 研究设计

一、数据来源与样本选择

本章以 2003—2016 年沪深两市全部 A 股上市公司作为初始研究样本，采用面板数据进行回归。在初始样本的基础上，按照如下原则对数据进行了筛选：①剔除金融行业上市公司样本；②剔除 ST 上市公司样本；③剔除相关变量存在缺失值的上市公司样本；④为了消除极端值的影响，本章对所有连续变量按 1%和 99%水平进行了缩尾处理，最终得到 20373 个企业—年度观测值。本章所使用的全部财务数据均来源于 CSMAR 数据库。

二、变量定义

1. 企业违约风险（*EDP*）

基于期权定价理论采用 Merton DD（Default Distance）模型估算违约概率（Merton，1974）得到了广泛认可。其中，应用较多的是 KMV 模型，但是这一模型以 KMV 公司构建的企业历史违约信息数据库为基础，确定违约距离与违约概率之间的映射，无法在我国被准确模仿应用。为此，Bharath 和 Shumway（2008）提出了简化违约概率（Naïve Default Probability），对 Merton（1974）提出的期权定价理论进行近似估计，并且通过对比分析发现，简化违约概率在实际中比其他方法表现更好。

根据 Merton（1974）的研究框架，Merton DD 模型中违约距离的计算公式为

$$DD=\frac{\ln(V_A/D)+(\mu-\sigma_A^2/2)T}{\sigma_A\sqrt{T}} \tag{3-1}$$

式中，V_A 为企业资产的价值；D 为债务的账面价值；μ 为企业资产价值的期望回报率；σ_A 为企业资产价值变化的波动率；T 为看涨期权的期限。

在保证能够捕捉与 Merton DD 模型相同信息含量的情况下，根据 Bharath 和 Shumway（2008）计算简化违约概率的过程如下：

（1）假定企业债务的市场价值等于其账面价值：

$$naïveV_D=D \tag{3-2}$$

式中，债务的账面价值 D 为短期负债与 0.5 倍长期负债的加和。

由于企业债务的风险与权益的风险高度相关，因此采用权益的波动率对企业债务的波动率进行近似估计：

$$naïve\sigma_D=0.05+0.25\times\sigma_E \tag{3-3}$$

式中，5%表示企业债务的结构性波动；25%表示与违约风险相关的波动。

（2）结合式（3-2）和式（3-3），我们可以得到企业价值总波动率的近似估计：

$$\begin{aligned}naïve\sigma_V&=\frac{V_E}{V_E+naïveV_D}\sigma_E+\frac{naïveV_D}{V_E+naïveV_D}naïve\sigma_D\\&=\frac{V_E}{V_E+D}\sigma_E+\frac{D}{V_E+D}(0.05+0.25\times\sigma_E)\end{aligned} \tag{3-4}$$

（3）假定企业资产的预期回报率等于企业前一年的股票回报率：

$$naïve\mu=r_{i,t-1} \tag{3-5}$$

（4）进一步，类比 Merton DD 模型中违约距离的计算公式（3-1），可以得到简化的违约距离：

$$naïveDD=\frac{\ln\left(\frac{V_E+D}{D}\right)+(r_{i,t-1}-0.5naïve\sigma_V^2)T}{naïve\sigma_V\sqrt{T}} \tag{3-6}$$

具体计算时，按照通常做法，我们将期权的到期时间 T 设定为 1 年。

（5）对式（3-6）的计算结果求累积标准正态分布，可得简化违约概率：

$$\pi naïve=N(-naïveDD) \tag{3-7}$$

本章将参照 Bharath 和 Shumway（2008）的方法计算得到的简化违约概率 $\pi naïve$ 作为企业预期违约风险的衡量指标，记为 *EDP*（Expected Default Probability）。*EDP* 值服从正态分布，取值范围为 0～1，*EDP* 值越大，代表企业的违约风险越大。

2. 战略差异度（*DS*）

战略差异度反映了企业战略偏离行业常规战略模式的程度，表现为资源配置方面的差异（Mintzberg，1978；Tang 等，2011）。参照 Tang 等（2011）以及叶康涛等（2015）的做法，本章基于以下六个维度衡量不同企业战略定位的差异：①市场开发支出，以广告支出与营业收入的比值衡量；②创新程度，以研发支出与营业收入的比值衡量；③资本密集度，以固定资产净值与企业员工总人数的比值衡量；④固定资产更新程度，以固定资产净值与固定资产原值的比值衡量；⑤管理费用支出，以管理费用与营业收入的比值衡量；⑥财务杠杆率，以短期借款、长期借款以及应付债券的总和与权益账面价值的比值衡量。在具体计算时，由于广告支出和研发支出数据无法可靠取得，本章借鉴叶康涛等（2015）的做法，分别以销售费用和无形资产净值对二者进行替代。

基于上述六个维度，本章首先将每个维度的对应指标减去当年行业均值，并除以行业标准差进行标准化处理，之后将标准化后的数据取绝对值，即得到每家企业当年各维度偏离行业平均水平的绝对程度。计算以上六个维度数据的平均值，以此衡量企业当年的战略差异度，记为 DS。DS 值越大，代表企业战略偏离行业常规模式的程度越大。

3. 业绩期望差距

业绩期望差距包括历史业绩期望差距（Historical Aspiration Disparity）和行业业绩期望差距（Industrial Aspiration Disparity），借鉴 Chen（2008）、连燕玲等（2014）的做法，本章采用总资产回报率（ROA）衡量企业业绩，具体计算过程如下。

（1）历史业绩期望差距（AD）

历史业绩期望差距 $AD_{i,t}$ 为企业实际业绩（$P_{i,t-1}$）与历史业绩期望（$A_{i,t-1}$）之差，计算公式为

$$AD_{i,t}=P_{i,t-1}-A_{i,t-1} \tag{3-8}$$

式中，$P_{i,t-1}$ 为企业 i 第 $t-1$ 期的实际 ROA，由于本章考察的是实际业绩与历史业绩之间的差异对企业未来财务决策的影响，故 $P_{i,t-1}$ 取相对于因变量的滞后一期；$A_{i,t-1}$ 为企业 i 第 $t-1$ 期的历史业绩期望。取企业 i 第 $t-2$ 期实际业绩（$P_{i,t-2}$）与第 $t-2$ 期历史业绩期望（$A_{i,t-2}$）的加权，计算公式为

$$A_{i,t-1}=(1-\alpha)P_{i,t-2}+\alpha A_{i,t-2} \tag{3-9}$$

其中的参数 α 介于 0 和 1 之间，借鉴 Chen（2008）的做法，本章取 $\alpha=0.4$，稳健性检验中考虑参数设定对计算结果的影响，令参数 α 依次以 0.1 递减，研究结论保持不变。如果 $AD_{i,t}<0$，代表企业实际业绩低于历史业绩期望；反之，如果 $AD_{i,t}>0$，则代表企业实际业绩高于历史业绩期望。同时，定义虚拟变量 I_1 表示企业历史业绩期望差距的类型，当 $AD_{i,t}<0$ 时取值为 1，否则取值为 0。由此得到的截尾变量 $I_1\times AD_{i,t}<0$ 代表历史业绩期望落差，$(1-I_1)\times AD_{i,t}>0$ 代表历史业绩期望顺差。

（2）行业业绩期望差距（IAD）

$$IAD_{i,t}=P_{i,t-1}-IA_{i,t-1} \tag{3-10}$$

行业业绩期望差距 $IAD_{i,t}$ 为企业实际业绩（$P_{i,t-1}$）与行业业绩期望

（$IA_{i,t-1}$）之差，其中 $IA_{i,t-1}$ 为企业 i 第 $t-1$ 期的行业业绩期望，取企业 i 第 $t-2$ 期行业内全部企业实际业绩的中位数（$IP_{i,t-2}$）与第 $t-2$ 期行业业绩期望（$IA_{i,t-2}$）的加权，计算公式为

$$IA_{i,t-1}=(1-\alpha)IP_{i,t-2}+\alpha IA_{i,t-2} \tag{3-11}$$

与前文类似，仍然取参数 $\alpha=0.4$。如果 $IAD_{i,t}<0$，代表企业实际业绩低于行业业绩期望；反之，如果 $IAD_{i,t}>0$，则代表企业实际业绩高于行业业绩期望。同时，定义虚拟变量 I_2 表示企业行业业绩期望差距的类型，当 $IAD_{i,t}<0$ 时取值为 1，否则取值为 0。由此得到的截尾变量 $I_2\times IAD_{i,t}<0$ 代表行业业绩期望落差，$(1-I_2)\times IAD_{i,t}>0$ 代表行业业绩期望顺差。

4. 控制变量

借鉴以往研究（许浩然和荆新，2016）并结合本章的研究问题，选择以下变量作为控制变量：企业规模、企业杠杆、盈利能力、企业成长性、现金流量、经营效率、资产流动性、债务担保能力、股权集中度、董事会独立性、企业成熟度以及产权性质。此外，本章还对年度和行业进行了控制。各变量的具体定义如表 3-1 所示。

表 3-1 变量定义

变量符号	变量名称	计算方法
EDP	企业违约风险	参照 Bharath 和 Shumway（2008）的方法采用简化违约概率对 Merton DD 模型进行近似估计
DS	战略差异度	企业战略偏离行业常规模式的程度，DS 值越大，战略定位差异越大
$I_1\times AD$	历史业绩期望落差	实际业绩低于历史业绩期望
$(1-I_1)\times AD$	历史业绩期望顺差	实际业绩高于历史业绩期望
$I_2\times IAD$	行业业绩期望落差	实际业绩低于行业业绩期望
$(1-I_2)\times IAD$	行业业绩期望顺差	实际业绩高于行业业绩期望
$Size$	企业规模	总市值的自然对数
Lev	企业杠杆	负债总额与资产总额的比值
ROA	盈利能力	净利润与资产总额的比值

续表

变量符号	变量名称	计算方法
Growth	企业成长性	营业收入增长率
CF	现金流量	经营活动现金流量净额与资产总额的比值
Turnover	经营效率	营业收入与资产总额的比值
Liquidity	资产流动性	流动资产与资产总额的比值
Tangibility	债务担保能力	固定资产净额与资产总额的比值
Cent	股权集中度	第一大股东持股比例
IndDir	董事会独立性	独立董事人数与董事会总人数的比值
Age	企业成熟度	ln(企业年龄+1)
SOE	产权性质	企业为国有企业时取值为1，否则取值为0

三、模型设计

1. 战略定位差异与企业违约风险

为了检验战略定位差异对企业违约风险的影响，本章以 Tang 等（2011）的方法计算得到的战略差异度衡量企业战略偏离行业常规模式的程度，以 Bharath 和 Shumway（2008）的方法估计所得的简化违约概率对企业违约风险进行衡量，构建如下回归模型：

$$EDP_{i,t}=\beta_0+\beta_1 DS_{i,t}+\beta_2 Size_{i,t}+\beta_3 Lev_{i,t}+\beta_4 ROA_{i,t}+\beta_5 Growth_{i,t}+\beta_6 CF_{i,t}+\beta_7 Turnover_{i,t}+\beta_8 Liquidity_{i,t}+\beta_9 Tangibility_{i,t}+\beta_{10} Cent_{i,t}+\beta_{11} IndDir_{i,t}+\beta_{12} Age_{i,t}+\beta_{13} SOE_{i,t}+\sum Year+\sum Industry+\varepsilon_{i,t} \tag{3-12}$$

在模型（3-12）中，战略差异度系数 β_1 是本章关注的重点，它衡量了战略定位差异对企业违约风险的影响。根据假设 H1，本章预期 β_1 显著为正，即战略定位差异程度越大的企业发生违约的可能性越大。

2. 战略定位差异、历史业绩期望差距与企业违约风险

为了进一步考察历史业绩期望差距对战略定位差异与企业违约风

险之间关系的影响，本章在模型（3-12）的基础上依次加入战略差异度与历史业绩期望落差、历史业绩期望顺差的交乘项，构建如下回归模型：

$$
\begin{aligned}
EDP_{i,t} = & \beta_0 + \beta_1 DS_{i,t} + \beta_2 DS_{i,t} \times I_1 \times AD_{i,t} + \beta_3 DS_{i,t} \times (1 - I_1) \times AD_{i,t} + \\
& \beta_4 I_1 \times AD_{i,t} + \beta_5 (1 - I_1) \times AD_{i,t} + \beta_6 Size_{i,t} + \beta_7 Lev_{i,t} + \beta_8 ROA_{i,t} + \\
& \beta_9 Growth_{i,t} + \beta_{10} CF_{i,t} + \beta_{11} Turnover_{i,t} + \beta_{12} Liquidity_{i,t} + \\
& \beta_{13} Tangibility_{i,t} + \beta_{14} Cent_{i,t} + \beta_{15} IndDir_{i,t} + \beta_{16} Age_{i,t} + \\
& \beta_{17} SOE_{i,t} + \sum Year + \sum Industry + \varepsilon_{i,t}
\end{aligned}
\tag{3-13}
$$

在模型（3-13）中，战略差异度与历史业绩期望差距交乘项的系数 β_2、β_3 是本章关注的重点，它以历史业绩期望为基准，衡量了业绩期望差距对战略定位差异与企业违约风险之间关系的影响。根据假设 H2 和假设 H3，本章预期 β_2 显著为正，即历史业绩期望落差会增强战略定位差异对企业违约风险的正向影响，β_3 显著为负，即历史业绩期望顺差会削弱战略定位差异对企业违约风险的正向影响。

3. 战略定位差异、行业业绩期望差距与企业违约风险

为了考察行业业绩期望差距对战略定位差异与企业违约风险之间关系的影响，本章在模型（3-12）的基础上依次加入战略差异度与行业业绩期望落差、行业业绩期望顺差的交乘项，构建如下回归模型：

$$
\begin{aligned}
EDP_{i,t} = & \beta_0 + \beta_1 DS_{i,t} + \beta_2 DS_{i,t} \times I_2 \times IAD_{i,t} + \beta_3 DS_{i,t} \times (1 - I_2) \times IAD_{i,t} + \\
& \beta_4 I_2 \times IAD_{i,t} + \beta_5 (1 - I_2) \times IAD_{i,t} + \beta_6 Size_{i,t} + \beta_7 Lev_{i,t} + \beta_8 ROA_{i,t} + \\
& \beta_9 Growth_{i,t} + \beta_{10} CF_{i,t} + \beta_{11} Turnover_{i,t} + \beta_{12} Liquidity_{i,t} + \\
& \beta_{13} Tangibility_{i,t} + \beta_{14} Cent_{i,t} + \beta_{15} IndDir_{i,t} + \beta_{16} Age_{i,t} + \\
& \beta_{17} SOE_{i,t} + \sum Year + \sum Industry + \varepsilon_{i,t}
\end{aligned}
\tag{3-14}
$$

在模型（3-14）中，战略差异度与行业业绩期望差距交乘项的系数 β_2、β_3 是本章关注的重点，它以行业业绩期望为基准，衡量了业绩期望差距对战略定位差异与企业违约风险之间关系的影响。根据假设 H2 和假设 H3，本章预期 β_2 显著为正，即行业业绩期望落差会增强战略定位差异对企业违约风险的正向影响；β_3 显著为负，即行业业绩期望顺差会削弱战略定位差异对企业违约风险的正向影响。

第四节 实证结果

一、描述性统计

描述性统计结果如表 3-2 所示。结果显示，企业违约风险（*EDP*）的平均值为 0.0465、中位数为 0、最小值为 0、最大值为 0.9886，最小值和最大值之间差距较大，且中位数显著低于平均值，说明我国上市公司的违约风险普遍较小，但不同企业之间差异较大。战略差异度（*DS*）的平均值和中位数分别为 0.4908 和 0.3976，标准差为 0.3343，在 0.1167～2.1592 波动，整体分布基本合理，不同企业的战略定位具有较大差异。从历史业绩期望差距来看，$I_1 \times AD$ 和 $(1-I_1) \times AD$ 的平均值分别为 -0.0193 和 0.0159，说明实际业绩低于历史业绩期望的平均差距为 0.0193，实际业绩高于历史业绩期望的平均差距为 0.0159。从行业业绩期望差距来看，$I_2 \times IAD$ 和 $(1-I_2) \times IAD$ 的平均值分别为 -0.0225 和 0.0167，说明实际业绩平均低于行业业绩期望 0.0225，实际业绩平均高于行业业绩期望 0.0167。

表 3-2 描述性统计

变量	样本量	平均值	标准差	最小值	25 分位数	中位数	75 分位数	最大值
EDP	20373	0.0465	0.1791	0.0000	0.0000	0.0000	0.0000	0.9886
DS	20373	0.4908	0.3343	0.1167	0.2883	0.3976	0.5746	2.1592

续表

变量	样本量	平均值	标准差	最小值	25 分位数	中位数	75 分位数	最大值
$I_1 \times AD$	20373	−0.0193	0.0422	−0.2783	−0.0194	−0.0024	0.0000	0.0000
$(1-I_1) \times AD$	20373	0.0159	0.0393	0.0000	0.0000	0.0000	0.0130	0.2564
$I_2 \times IAD$	20373	−0.0225	0.0473	−0.2979	−0.0247	−0.0042	0.0000	0.0000
$(1-I_2) \times IAD$	20373	0.0167	0.0304	0.0000	0.0000	0.0000	0.0219	0.1569
Size	20373	22.2157	1.0872	19.9094	21.4420	22.1915	22.9106	25.1050
Lev	20373	0.4951	0.2162	0.0686	0.3356	0.4963	0.6443	1.1839
ROA	20373	0.0296	0.0634	−0.2769	0.0098	0.0292	0.0565	0.1967
Growth	20373	0.2210	0.6323	−0.6555	−0.0324	0.1120	0.2868	4.5932
CF	20373	0.0458	0.0773	−0.2021	0.0048	0.0451	0.0894	0.2630
Turnover	20373	0.6576	0.4817	0.0513	0.3347	0.5411	0.8249	2.6807
Liquidity	20373	0.5335	0.2110	0.0804	0.3790	0.5404	0.6900	0.9599
Tangibility	20373	0.2604	0.1798	0.0023	0.1190	0.2300	0.3756	0.7512
Cent	20373	0.3610	0.1545	0.0934	0.2383	0.3360	0.4728	0.7500
IndDir	20373	0.3643	0.0521	0.2500	0.3333	0.3333	0.3846	0.5714
Age	20373	2.3155	0.4998	1.3863	1.9459	2.3979	2.7081	3.2958
SOE	20373	0.5570	0.4968	0.0000	0.0000	1.0000	1.0000	1.0000

二、相关性分析

表 3-3 为主要变量的相关系数。由表中结果可以看到，企业违约风险（*EDP*）与战略差异度（*DS*）的相关系数为 0.0443，在 1%的水平上显著，初步说明战略定位差异与企业违约风险呈正相关关系，符合假设 H1 的预期。其他控制变量相关系数均较低，说明本章的模型设定效果较好。

表 3-3 相关性分析

	EDP	DS	$I_1 \times AD$	$(1-I_1)\times AD$	$I_2 \times IAD$	$(1-I_2)\times IAD$	Size	Lev	ROA	Growth	CF	Turnover	Liquidity	Tangibility	Cent	IndDir	Age	SOE
EDP	1.0000																	
DS	0.0443***	1.0000																
$I_1 \times AD$	-0.1245***	-0.1630***	1.0000															
$(1-I_1)\times AD$	-0.0146**	0.1142***	0.1848***	1.0000														
$I_2 \times IAD$	-0.1599***	-0.2294***	0.7811***	0.0847***	1.0000													
$(1-I_2)\times IAD$	-0.1096***	-0.0380***	0.1544***	0.3202***	0.2620***	1.0000												
Size	-0.1621***	-0.0293***	0.1185***	-0.0904***	0.2159***	0.2548***	1.0000											
Lev	0.2855***	0.1581***	-0.1424***	0.0803***	-0.2726***	-0.2763***	-0.1252***	1.0000										
ROA	-0.1940***	-0.2056***	0.1903***	-0.0104	0.3120***	0.4795***	0.3478***	-0.3944***	1.0000									
Growth	-0.0050	-0.0272***	-0.0303***	0.0571***	-0.0432***	-0.0008	0.0870***	0.0330***	0.1886***	1.0000								
CF	-0.0456***	-0.0832***	0.0534***	-0.0125*	0.0914***	0.2433***	0.1285***	-0.1661***	0.3284***	0.0282***	1.0000							
Turnover	0.0133*	-0.1200***	0.0636***	0.0137*	0.0749***	0.0982***	0.0101	0.0938***	0.1349***	0.0553***	0.1504***	1.0000						
Liquidity	0.0030	-0.1277***	0.0562***	-0.0147**	0.0845***	0.0580***	0.0023	0.0288***	0.0985***	0.0744***	-0.1940***	0.1785***	1.0000					
Tangibility	0.0518***	-0.0199***	-0.0438***	-0.0080	-0.0967***	-0.0855***	-0.1133***	0.0587***	-0.1188***	-0.0789***	0.2484***	0.0052	-0.7144***	1.0000				
Cent	0.0940***	-0.0595***	0.0470***	-0.0407***	0.0865***	0.0721***	0.1583***	0.0250***	0.1052***	0.0379***	0.0874***	0.0960***	-0.0109	0.0775***	1.0000			
IndDir	-0.0430***	0.0391***	-0.0064	-0.0053	0.0013	0.0034	0.1435***	-0.0220***	0.0058	0.0104	-0.0365***	-0.0422***	0.0489***	-0.0897***	-0.0117*	1.0000		
Age	-0.0207***	0.1189***	-0.0285***	0.0861***	-0.0774***	-0.0505***	0.1317***	0.2322***	-0.0727***	-0.0192***	-0.0460***	0.0238***	-0.0526***	-0.0560***	-0.0930***	0.0236***	1.0000	
SOE	0.0959***	-0.0586***	0.0370***	-0.0328***	-0.0085	-0.0755***	0.0001	0.1680***	-0.0555***	-0.0536***	0.0372***	0.1015***	-0.1502***	0.1887***	0.2687***	-0.1024***	0.2442***	1.0000

注：***、**和*分别表示在1%、5%和10%的水平上显著（全书余同）。

三、回归分析

本章参照 Bharath 和 Shumway（2008）的方法估计企业违约风险（*EDP*）作为被解释变量，借鉴 Tang 等（2011）以及叶康涛等（2015）的做法，基于六个不同维度的财务指标计算战略差异度（*DS*）作为解释变量，对战略定位差异与企业违约风险之间的关系进行检验。在此基础上，本章分别从历史业绩期望差距和行业业绩期望差距两个角度出发，考察业绩期望差距对战略定位差异与企业违约风险之间关系的影响，回归结果如表 3-4 所示。

由表 3-4 可以看到，第（1）列显示了战略差异度（*DS*）对企业违约风险（*EDP*）的回归结果，战略差异度（*DS*）的系数为 0. 0114，在 1%的水平上显著，说明企业的战略定位差异越大，发生违约的可能性越大，二者呈正相关关系，支持了本章的假设 H1。

基于历史业绩期望差距，第（2）列和第（3）列分别加入战略差异度与历史业绩期望落差的交乘项（$DS\times I_1\times AD$）、战略差异度与历史业绩期望顺差的交乘项［$DS\times(1-I_1)\times AD$］，在控制其他因素的影响后，$DS\times I_1\times AD$ 的系数为 0. 1936，在 5%的水平上显著，$DS\times(1-I_1)\times AD$ 的系数为-0. 1226，在 10%的水平上显著；第（4）列同时加入两个交乘项，$DS\times I_1\times AD$ 的系数仍然显著为正，$DS\times(1-I_1)\times AD$ 的系数仍然显著为负。这说明历史业绩期望落差对战略定位差异与企业违约风险之间的正相关关系具有促进作用，而历史业绩期望顺差对战略定位差异与企业违约风险之间的正相关关系具有抑制作用。

基于行业业绩期望差距，第（5）列和第（6）列分别加入战略差异度与行业业绩期望落差的交乘项（$DS\times I_2\times IAD$）、战略差异度与行业业绩期望顺差的交乘项［$DS\times(1-I_2)\times IAD$］，在控制其他因素的影响后，$DS\times I_2\times IAD$ 在 10%的水平上显著为正，$DS\times(1-I_2)\times IAD$ 在 5%的水平上显著为负；第（7）列同时加入两个交乘项，$DS\times I_2\times IAD$ 和 $DS\times(1-I_2)\times IAD$ 的系数分别为

0.1503 和−0.1560，分别在5%和10%的水平上显著。这说明行业业绩期望差距对战略定位差异与企业违约风险之间的关系具有显著影响，落差会加强二者之间的关系，而顺差会降低二者之间的关系。

在控制变量中，盈利能力（*ROA*）和企业成熟度（*Age*）的回归系数显著为负，说明盈利能力越强、成熟度越高的企业违约风险越小；企业规模（*Size*）、企业杠杆（*Lev*）和股权集中度（*Cent*）的回归系数显著为正，说明企业规模越大、财务杠杆率越高，以及股权集中度越高时，企业的违约风险越大。

表 3-4　战略定位差异、业绩期望差距与企业违约风险

被解释变量	EDP						
	(1)	(2)	(3)	(4)	(5)	(6)	(7)
DS	0.0114*** (2.74)	0.0141*** (3.22)	0.0164*** (3.49)	0.0208*** (4.10)	0.0113*** (2.59)	0.0137*** (2.86)	0.0140*** (2.62)
$DS\times I_1\times AD$		0.1936** (2.37)		0.2324*** (2.78)			
$DS\times(1-I_1)\times AD$			−0.1226* (−1.74)	−0.1535** (−2.14)			
$DS\times I_2\times IAD$					0.1313* (1.79)		0.1503** (1.97)
$DS\times(1-I_2)\times IAD$						−0.1684** (−2.08)	−0.1560* (−1.89)
$I_1\times AD$		−0.4469*** (−6.59)		−0.4553*** (−6.59)			
$(1-I_1)\times AD$			−0.0491 (−0.85)	0.0392 (0.67)			
$I_2\times IAD$					−0.3992*** (−6.12)		−0.4120*** (−6.21)
$(1-I_2)\times IAD$						0.0855 (1.37)	0.1287** (2.08)
$Size$	0.0028* (1.74)	0.0040** (2.50)	0.0023 (1.43)	0.0036** (2.25)	0.0059*** (3.61)	0.0027 (1.60)	0.0054*** (3.22)

续表

被解释变量	EDP						
	(1)	(2)	(3)	(4)	(5)	(6)	(7)
Lev	0.1816*** (25.10)	0.1778*** (25.14)	0.1834*** (25.36)	0.1796*** (25.45)	0.1696*** (24.39)	0.1814*** (24.79)	0.1706*** (24.24)
ROA	-0.2352*** (-7.95)	-0.2078*** (-7.07)	-0.2318*** (-7.85)	-0.2079*** (-7.08)	-0.1977*** (-6.64)	-0.2352*** (-7.20)	-0.2053*** (-6.29)
Growth	0.0026 (1.13)	0.0010 (0.43)	0.0030 (1.30)	0.0012 (0.53)	0.0000 (0.01)	0.0027 (1.15)	0.0003 (0.12)
CF	0.0064 (0.36)	0.0050 (0.28)	0.0053 (0.30)	0.0040 (0.22)	0.0043 (0.24)	0.0060 (0.34)	0.0022 (0.12)
Turnover	-0.0016 (-0.53)	-0.0010 (-0.32)	-0.0015 (-0.49)	-0.0010 (-0.34)	-0.0004 (-0.12)	-0.0015 (-0.51)	-0.0005 (-0.15)
Liquidity	0.0055 (0.66)	0.0078 (0.95)	0.0046 (0.56)	0.0071 (0.86)	0.0070 (0.85)	0.0052 (0.63)	0.0064 (0.78)
Tangibility	-0.0052 (-0.52)	-0.0053 (-0.54)	-0.0067 (-0.68)	-0.0065 (-0.66)	-0.0089 (-0.91)	-0.0057 (-0.58)	-0.0089 (-0.91)
Cent	0.0637*** (6.97)	0.0634*** (6.95)	0.0632*** (6.90)	0.0628*** (6.88)	0.0655*** (7.18)	0.0637*** (6.97)	0.0655*** (7.18)
IndDir	0.0162 (0.72)	0.0140 (0.63)	0.0167 (0.75)	0.0146 (0.65)	0.0122 (0.55)	0.0166 (0.74)	0.0129 (0.58)
Age	-0.0153*** (-6.36)	-0.0163*** (-6.78)	-0.0144*** (-5.96)	-0.0160*** (-6.64)	-0.0171*** (-7.08)	-0.0152*** (-6.33)	-0.0170*** (-7.07)
SOE	0.0037 (1.39)	0.0049* (1.85)	0.0030 (1.15)	0.0045* (1.73)	0.0033 (1.27)	0.0036 (1.38)	0.0035 (1.35)
Constant	-0.1067*** (-2.89)	-0.1430*** (-3.90)	-0.0983*** (-2.66)	-0.1375*** (-3.74)	-0.1725*** (-4.68)	-0.1049*** (-2.75)	-0.1648*** (-4.35)
Year	已控制	已控制	已控制	已控制	已控制	已控制	已控制
Industry	已控制	已控制	已控制	已控制	已控制	已控制	已控制
N	20373	20373	20373	20373	20373	20373	20373
Adj. R^2	0.1933	0.1987	0.1942	0.1991	0.1986	0.1933	0.1987

注：回归系数的标准误已在公司维度上进行聚类调整（全书余同）。

第五节　进一步研究

一、代理成本的中介效应分析

由前述分析可知，在战略差异度较大的企业中，由于信息不对称程度较高，难以对管理者的业绩作出合理评估，代理问题更加严重（Carpenter，2000），因而管理者更可能作出偏离企业价值最大化的决策，使企业价值降低而波动程度升高的可能性较大。由此可知，战略差异度较大的企业中存在的代理成本会增加企业发生违约的可能性，即代理成本可能是战略定位差异影响企业违约风险的中间路径之一。

基于此，本章构建了如下回归模型，检验代理成本是否为战略定位差异影响企业违约风险的中介机制。

$$Agency_{i,t}=\alpha_0+\alpha_1 DS_{i,t}+\alpha_2 Size_{i,t}+\alpha_3 Lev_{i,t}+\alpha_4 ROA_{i,t}+\alpha_5 Growth_{i,t}+\alpha_6 CF_{i,t}+\alpha_7 Turnover_{i,t}+\alpha_8 Liquidity_{i,t}+\alpha_9 Tangibility_{i,t}+\alpha_{10} Cent_{i,t}+\alpha_{11} IndDir_{i,t}+\alpha_{12} Age_{i,t}+\alpha_{13} SOE_{i,t}+\sum Year+\sum Industry+\varepsilon_{i,t} \tag{3-15}$$

$$EDP_{i,t}=\delta_0+\delta_1 Agency_{i,t}+\delta_2 Size_{i,t}+\delta_3 Lev_{i,t}+\delta_4 ROA_{i,t}+\delta_5 Growth_{i,t}+\delta_6 CF_{i,t}+\delta_7 Turnover_{i,t}+\delta_8 Liquidity_{i,t}+\delta_9 Tangibility_{i,t}+\delta_{10} Cent_{i,t}+\delta_{11} IndDir_{i,t}+\delta_{12} Age_{i,t}+\delta_{13} SOE_{i,t}+\sum Year+\sum Industry+\varepsilon_{i,t} \tag{3-16}$$

模型（3-15）检验战略差异度对代理成本的影响，模型（3-16）进一步检验代理成本是否会影响企业违约风险。为了验证代理成本是战略差异度影响企业违约风险的中介变量，根据 Sobel（1982）的方法，我们检验模型（3-15）和模型（3-16）中的回归系数 $\alpha_1\times\delta_1$ 是否显著异于 0，如果是则说明中介效应存在。

本章采用两种方法分别对第一类代理成本和第二类代理成本进行衡量：其一，借鉴 Ang 等（2000）、叶康涛和刘行（2014）的做法，以管理费用率（管理费用/营业总收入）衡量，记为 *Agency*1；其二，借鉴姜国华和岳衡（2005）的做法，以大股东占款（其他应收款/总资产）衡量，记为 *Agency*2。该指标值越大，代表企业中存在的代理问题越严重。

表 3-5 列示了模型（3-15）和模型（3-16）的回归结果。第（1）列和第（3）列为战略差异度对代理成本的回归结果，在控制其他因素的影响后，战略差异度（*DS*）的系数均在 1%的水平上显著为正，说明战略定位差异越大的企业代理成本越高。第（2）列和第（4）列为代理成本对企业违约风险的回归结果，可以发现在两种不同的衡量方法下，代理成本（*Agency*）的系数分别为 0.0366 和 0.2411，并分别在 5%和 1%的水平上显著，说明代理成本与企业违约风险显著正相关。基于以上回归结果，我们进行了 Sobel 检验，计算得出 Z 值分别为 2.3582 和 4.8523，说明战略定位差异、代理成本和企业违约风险之间存在显著的中介效应，即战略定位差异通过代理成本对企业违约风险产生影响。

表 3-5　战略定位差异、代理成本与企业违约风险

被解释变量	*Agency*1	*EDP*	*Agency*2	*EDP*
	(1)	(2)	(3)	(4)
DS	0.1281*** (23.71)		0.0133*** (8.47)	
*Agency*1		0.0366** (2.37)		
*Agency*2				0.2411*** (5.92)
Size	-0.0099*** (-10.10)	0.0032* (1.95)	-0.0047*** (-10.31)	0.0040** (2.45)
Lev	-0.0645*** (-10.61)	0.1854*** (24.90)	0.0370*** (13.56)	0.1744*** (24.32)
ROA	-0.4564*** (-14.38)	-0.2238*** (-7.97)	-0.1365*** (-10.70)	-0.2089*** (-7.15)

续表

被解释变量	Agency1	EDP	Agency2	EDP
	(1)	(2)	(3)	(4)
Growth	-0.0126*** (-8.63)	0.0031 (1.32)	-0.0007 (-1.09)	0.0028 (1.21)
CF	0.0254* (1.88)	0.0054 (0.30)	0.0058 (0.89)	0.0049 (0.27)
Turnover	-0.0649*** (-36.96)	0.0005 (0.15)	-0.0090*** (-9.87)	0.0002 (0.07)
Liquidity	-0.0188*** (-2.59)	0.0039 (0.48)	0.0272*** (9.83)	-0.0039 (-0.48)
Tangibility	-0.0724*** (-8.95)	-0.0047 (-0.49)	-0.0349*** (-11.84)	0.0006 (0.06)
Cent	-0.0408*** (-9.09)	0.0654*** (7.15)	-0.0165*** (-7.34)	0.0679*** (7.41)
IndDir	0.0101 (0.74)	0.0165 (0.74)	-0.0012 (-0.18)	0.0173 (0.77)
Age	0.0049*** (3.14)	-0.0151*** (-6.32)	0.0064*** (9.03)	-0.0164*** (-6.86)
SOE	-0.0135*** (-7.84)	0.0037 (1.43)	-0.0075*** (-9.02)	0.0049* (1.89)
Constant	0.3756*** (17.72)	-0.1151*** (-3.09)	0.1527*** (14.79)	-0.1370*** (-3.73)
Year	已控制	已控制	已控制	已控制
Industry	已控制	已控制	已控制	已控制
N	20373	20373	20370	20370
Adj. R^2	0.4007	0.1934	0.2860	0.1967
Sobel 检验（Z 值）	2.3582**		4.8523***	

二、经营风险的中介效应分析

由前述分析可知，由于偏离行业常规战略模式，战略差异度较大的企业寻找最优战略模式的尝试过程需要付出较高的探索成本（Geletkanycz 和 Hambrick，1997；Tang 等，2011），日常经营发展过程中也面临较大的不确定性（Finkelstein 和 Hambrick，1990；Hiller 和 Hambrick，2005；Tang 等，2011），导致企业业绩波动幅度较大。同时，这类企业能够得到的政策支持相对较少（Meyer 和 Rowan，1977），进一步加大了战略差异度较大的企业适应行业环境的难度，使企业面临相对较高的经营风险。因此，与战略差异度较小的企业相比，较高的经营风险使战略差异度较大的企业更可能由于企业价值较小且波动程度较大而发生违约。由此可知，经营风险是引起战略差异度较大的企业发生违约的重要原因，即经营风险同样可能是战略定位差异影响企业违约风险的中间路径之一。

基于此，本章构建了如下回归模型，检验经营风险是否为战略定位差异影响企业违约风险的中介机制。

$$Risk_{i,t}=\alpha_0+\alpha_1 DS_{i,t}+\alpha_2 Size_{i,t}+\alpha_3 Lev_{i,t}+\alpha_4 ROA_{i,t}+\alpha_5 Growth_{i,t}+\alpha_6 CF_{i,t}+\alpha_7 Turnover_{i,t}+\alpha_8 Liquidity_{i,t}+\alpha_9 Tangibility_{i,t}+\alpha_{10} Cent_{i,t}+\alpha_{11} IndDir_{i,t}+\alpha_{12} Age_{i,t}+\alpha_{13} SOE_{i,t}+\sum Year+\sum Industry+\varepsilon_{i,t} \quad (3-17)$$

$$EDP_{i,t}=\delta_0+\delta_1 Risk_{i,t}+\delta_2 Size_{i,t}+\delta_3 Lev_{i,t}+\delta_4 ROA_{i,t}+\delta_5 Growth_{i,t}+\delta_6 CF_{i,t}+\delta_7 Turnover_{i,t}+\delta_8 Liquidity_{i,t}+\delta_9 Tangibility_{i,t}+\delta_{10} Cent_{i,t}+\delta_{11} IndDir_{i,t}+\delta_{12} Age_{i,t}+\delta_{13} SOE_{i,t}+\sum Year+\sum Industry+\varepsilon_{i,t} \quad (3-18)$$

模型（3-17）检验战略差异度对经营风险的影响，模型（3-18）进一步检验经营风险是否会影响企业违约风险。为了验证经营风险是战略差异度影响企业违约风险的中介变量，根据 Sobel（1982）的方法，我们检验模型（3-17）和模型（3-18）中的回归系数 $\alpha_1 \times \delta_1$ 是否显著异于 0，如果是则说明中介效应存在。

经营风险采用两种方法进行衡量：其一，借鉴 John 等（2008）、Boubakri 等（2011）以及余明桂等（2013）的方法，采用行业调整 *ROA* 在过去 3 年的标准差进行衡量，记为 *Risk*1；其二，借鉴李小荣和张瑞君

(2014) 的方法，采用企业每 3 年样本期间内行业调整 *ROA* 最大值与最小值的差额进行衡量，记为 *Risk*2。该指标值越大，代表企业经营风险越高。

表 3-6 列示了模型（3-17）和模型（3-18）的回归结果。第（1）列和第（3）列为战略差异度对经营风险的回归结果，在控制其他因素的影响后，战略差异度（*DS*）的系数分别为 0.0222 和 0.0424，均在 1%的水平上显著，说明战略定位差异越大的企业经营风险越高。第（2）列和第（4）列为经营风险对企业违约风险的回归结果，可以发现在两种不同衡量方法下，经营风险（*Risk*）的系数均在 5%的水平上显著为正，说明经营风险越高的企业发生违约的可能性越大。基于以上回归结果，我们进行了 Sobel 检验，计算得出 Z 值分别为 2.4267 和 2.3979，说明战略定位差异、经营风险和企业违约风险之间存在显著的中介效应，即战略定位差异通过经营风险对企业违约风险产生影响。

表 3-6　战略定位差异、经营风险与企业违约风险

被解释变量	*Risk*1	*EDP*	*Risk*2	*EDP*
	(1)	(2)	(3)	(4)
DS	0.0222*** (17.65)		0.0424*** (17.79)	
*Risk*1		0.0921** (2.45)		
*Risk*2				0.0484** (2.42)
Size	-0.0027*** (-6.43)	0.0032** (2.02)	-0.0051*** (-6.40)	0.0032** (2.02)
Lev	0.0087*** (3.66)	0.1790*** (24.92)	0.0171*** (3.81)	0.1790*** (24.93)
ROA	-0.1810*** (-15.42)	-0.2234*** (-7.70)	-0.3376*** (-15.27)	-0.2237*** (-7.72)
Growth	0.0079*** (10.18)	0.0013 (0.55)	0.0149*** (10.16)	0.0013 (0.55)
CF	0.0210*** (3.94)	0.0020 (0.11)	0.0399*** (3.97)	0.0020 (0.11)

续表

被解释变量	*Risk*1	*EDP*	*Risk*2	*EDP*
	(1)	(2)	(3)	(4)
Turnover	0.0007 (0.99)	-0.0020 (-0.68)	0.0013 (0.95)	-0.0020 (-0.68)
Liquidity	-0.0079*** (-3.21)	0.0036 (0.45)	-0.0150*** (-3.22)	0.0036 (0.45)
Tangibility	-0.0104*** (-3.97)	-0.0060 (-0.62)	-0.0195*** (-3.96)	-0.0060 (-0.62)
Cent	-0.0021 (-1.11)	0.0637*** (7.00)	-0.0040 (-1.12)	0.0637*** (7.00)
IndDir	0.0059 (1.08)	0.0199 (0.90)	0.0123 (1.19)	0.0199 (0.90)
Age	0.0073*** (12.42)	-0.0148*** (-6.19)	0.0136*** (12.32)	-0.0148*** (-6.18)
SOE	-0.0076*** (-11.70)	0.0042 (1.64)	-0.0143*** (-11.71)	0.0042 (1.64)
Constant	0.0779*** (8.39)	-0.1119*** (-3.09)	0.1458*** (8.32)	-0.1118*** (-3.09)
Year	已控制	已控制	已控制	已控制
Industry	已控制	已控制	已控制	已控制
N	20250	20250	20250	20250
Adj. R^2	0.1967	0.1900	0.1977	0.1900
Sobel 检验（Z 值）	2.4267**		2.3979**	

第六节 稳健性检验

一、内生性检验：Heckman 两阶段回归

为了解决可能存在的内生性问题，本章采用 Heckman 两阶段方法排除样本选择偏差。第一阶段，以样本当年战略差异度的中位数定义战略差异度的虚拟变量（*DS_dum*）作为被解释变量进行 Probit 回归。模型中同时

采用同年度、同行业其他上市公司战略差异度的均值和同年度、同地区其他上市公司战略差异度的均值作为战略差异度虚拟变量的排除性约束变量。一般而言，同行业或者同地区上市公司的战略定位具有相似性，但同行业其他上市公司，或者同地区其他上市公司的战略定位不会对本公司的违约风险产生直接影响。此外，模型中还控制了其他可能影响战略定位差异的因素，包括企业规模、企业杠杆、盈利能力、企业成长性、现金流量、经营效率、资产流动性、债务担保能力、股权集中度、董事会独立性、企业成熟度以及产权性质。第二阶段，在模型（3-12）的基础上加入逆米尔斯比率（*IMR*）重新进行上述回归。

回归结果如表 3-7 所示，从中可以看到，排除性约束变量 *Industry_DS* 和 *Region_DS* 均在 1%的水平上显著为正，说明同年度、同行业以及同年度、同地区其他上市公司的战略差异度均会对本企业的战略定位产生正向影响，符合排除性约束变量的选择条件。同时，*DS* 与 *IMR* 的 VIF 值均小于 10，没有多重共线性问题，说明本章自选择模型的设定是合理的。在控制样本选择偏差后，战略差异度（*DS*）的回归系数仍然显著为正。以上结果表明本章的研究结论十分稳健。

表 3-7 内生性检验：Heckman 两阶段回归

被解释变量	*DS_dum*	*EDP*
	(1)	(2)
DS		0.0125*** (2.99)
IMR		0.0173** (2.30)
Industry_DS	4.8570*** (28.69)	
Region_DS	0.9504*** (7.19)	
Size	0.0503*** (4.11)	0.0034** (2.07)
Lev	0.5399*** (10.34)	0.1866*** (24.30)

续表

被解释变量	*DS_dum*	*EDP*
	(1)	(2)
ROA	-2.3115*** (-11.92)	-0.2571*** (-8.15)
Growth	0.0346** (2.25)	0.0030 (1.29)
CF	0.2149 (1.57)	0.0085 (0.47)
Turnover	0.0803*** (3.50)	-0.0009 (-0.29)
Liquidity	-0.7169*** (-9.96)	-0.0013 (-0.15)
Tangibility	-0.7702*** (-9.24)	-0.0122 (-1.16)
Cent	0.1797*** (2.71)	0.0654*** (7.15)
IndDir	0.3578* (1.95)	0.0202 (0.90)
Age	0.1195*** (5.47)	-0.0138*** (-5.62)
SOE	-0.1611*** (-7.38)	0.0022 (0.79)
Constant	-3.9370*** (-12.80)	-0.1268*** (-3.37)
Year	已控制	已控制
Industry	已控制	已控制
N	20359	20359
Pseudo R^2	0.108	
Adj. R^2		0.1936
LR statistic	3048.23	
p 值	0.00	
VIFs		
DS		1.21
IMR		3.31

二、内生性检验：倾向匹配得分回归

本章采用倾向匹配得分方法缓解可能存在的遗漏变量问题。具体地，我们对测试组公司和控制组公司在企业规模、企业杠杆、盈利能力、企业成长性、现金流量、经营效率、资产流动性、债务担保能力、股权集中度、董事会独立性、企业成熟度及产权性质方面进行匹配，在 Logit 回归基础上，计算每一个样本公司的倾向得分，并为每一个战略定位差异较大的公司选择倾向得分最接近的公司。

基于匹配后的样本，本章对战略差异度与企业违约风险之间的关系重新进行检验，回归结果如表 3-8 所示。可以看到，第（1）列中战略差异度的回归系数显著为正。将业绩期望差距的调节作用纳入讨论，第（2）列到第（4）列显示了历史业绩期望差距的回归结果，战略差异度与历史业绩期望落差的交乘项显著为正，与历史业绩期望顺差的交乘项显著为负，第（5）列到第（7）列显示了行业业绩期望差距的回归结果，作用效果与历史业绩期望差距类似，与前文结论保持一致。

表 3-8　内生性检验：倾向匹配得分回归

被解释变量	*EDP*						
	(1)	(2)	(3)	(4)	(5)	(6)	(7)
DS	0.0113** (2.55)	0.0180*** (3.86)	0.0159*** (3.21)	0.0254*** (4.81)	0.0153*** (3.35)	0.0129** (2.48)	0.0184*** (3.24)
$DS\times I_1\times AD$		0.3078*** (3.77)		0.3524*** (4.23)			
$DS\times(1-I_1)\times AD$			-0.1336* (-1.84)	-0.2053*** (-2.79)			
$DS\times I_2\times IAD$					0.2224*** (2.81)		0.2433*** (2.96)
$DS\times(1-I_2)\times IAD$						-0.1091 (-1.29)	-0.1695** (-1.97)
$I_1\times AD$		-0.4853*** (-6.94)		-0.4981*** (-6.99)			

续表

被解释变量	EDP						
	(1)	(2)	(3)	(4)	(5)	(6)	(7)
$(1-I_1)\times AD$			-0.0313 (-0.52)	0.0694 (1.12)			
$I_2\times IAD$					-0.4318*** (-6.22)		-0.4462*** (-6.32)
$(1-I_2)\times IAD$						0.0646 (0.99)	0.1434** (2.20)
Size	0.0027 (1.58)	0.0035** (2.08)	0.0022 (1.29)	0.0031* (1.83)	0.0054*** (3.12)	0.0026 (1.44)	0.0049*** (2.75)
Lev	0.1727*** (22.73)	0.1714*** (22.93)	0.1741*** (22.92)	0.1731*** (23.17)	0.1635*** (22.30)	0.1728*** (22.47)	0.1648*** (22.19)
ROA	-0.2547*** (-7.85)	-0.2268*** (-7.07)	-0.2491*** (-7.67)	-0.2243*** (-6.98)	-0.2154*** (-6.64)	-0.2569*** (-6.99)	-0.2264*** (-6.20)
Growth	0.0032 (1.30)	0.0016 (0.62)	0.0035 (1.42)	0.0017 (0.68)	0.0006 (0.26)	0.0033 (1.31)	0.0009 (0.37)
CF	0.0054 (0.29)	0.0026 (0.14)	0.0043 (0.23)	0.0013 (0.07)	0.0013 (0.07)	0.0050 (0.27)	-0.0008 (-0.04)
Turnover	0.0008 (0.26)	0.0013 (0.40)	0.0009 (0.29)	0.0012 (0.38)	0.0018 (0.56)	0.0009 (0.27)	0.0017 (0.55)
Liquidity	0.0082 (0.95)	0.0100 (1.17)	0.0076 (0.88)	0.0095 (1.11)	0.0097 (1.14)	0.0079 (0.92)	0.0090 (1.05)
Tangibility	-0.0080 (-0.78)	-0.0082 (-0.80)	-0.0090 (-0.88)	-0.0090 (-0.89)	-0.0109 (-1.07)	-0.0083 (-0.81)	-0.0111 (-1.09)
Cent	0.0667*** (6.93)	0.0665*** (6.92)	0.0662*** (6.88)	0.0659*** (6.86)	0.0683*** (7.11)	0.0667*** (6.92)	0.0683*** (7.10)
IndDir	0.0114 (0.49)	0.0101 (0.43)	0.0119 (0.51)	0.0106 (0.45)	0.0075 (0.32)	0.0117 (0.50)	0.0081 (0.35)
Age	-0.0136*** (-5.42)	-0.0146*** (-5.82)	-0.0128*** (-5.06)	-0.0144*** (-5.67)	-0.0153*** (-6.07)	-0.0136*** (-5.40)	-0.0153*** (-6.07)
SOE	0.0038 (1.38)	0.0049* (1.77)	0.0032 (1.17)	0.0046* (1.67)	0.0035 (1.27)	0.0038 (1.39)	0.0037 (1.34)
Constant	-0.1056*** (-2.68)	-0.1366*** (-3.50)	-0.0978** (-2.48)	-0.1313*** (-3.35)	-0.1665*** (-4.24)	-0.1032** (-2.55)	-0.1579*** (-3.93)

续表

被解释变量	EDP						
	(1)	(2)	(3)	(4)	(5)	(6)	(7)
Year	已控制	已控制	已控制	已控制	已控制	已控制	已控制
Industry	已控制	已控制	已控制	已控制	已控制	已控制	已控制
N	17868	17868	17868	17868	17868	17868	17868
Adj. R^2	0.1809	0.1860	0.1816	0.1865	0.1858	0.1809	0.1859

三、战略差异度的敏感性测试

在前文战略差异度的计算中，我们分别采用销售费用和无形资产净值替代广告宣传费用和研发费用，由此可能带来一定的测量误差。因此，借鉴 Tang 等（2011）以及叶康涛等（2015）的做法，仅基于资本密集度、固定资产更新程度、管理费用支出以及财务杠杆率四个维度重新构建衡量企业战略差异度的指标，记为 *DS*2。

表 3-9 列示了以 *DS*2 为主要解释变量，重新进行上述回归的结果。由表中结果可以看到，战略差异度（*DS*2）的系数始终显著为正。进一步地，无论是从历史业绩还是从行业业绩出发，业绩期望落差对战略差异度与企业违约风险之间的关系具有增强作用，业绩期望顺差对二者之间的关系具有抑制作用，再次印证了前文的结论。

表 3-9 战略差异度的敏感性测试

被解释变量	EDP						
	(1)	(2)	(3)	(4)	(5)	(6)	(7)
$DS2$	0.0156*** (3.97)	0.0144*** (3.47)	0.0201*** (4.54)	0.0195*** (4.08)	0.0111*** (2.67)	0.0200*** (4.50)	0.0161*** (3.21)
$DS2\times I_1\times AD$		0.0608 (0.80)		0.0901 (1.15)			
$DS2\times(1-I_1)\times AD$			-0.1230* (-1.85)	-0.1203* (-1.78)			
$DS2\times I_2\times IAD$					0.0151 (0.22)		0.0462 (0.66)

续表

被解释变量	EDP						
	(1)	(2)	(3)	(4)	(5)	(6)	(7)
$DS2\times(1-I_2)\times IAD$						−0.3448*** (−4.73)	−0.2810*** (−3.76)
$I_1\times AD$		−0.3494*** (−5.67)		−0.3522*** (−5.61)			
$(1-I_1)\times AD$			−0.0528 (−0.99)	0.0144 (0.27)			
$I_2\times IAD$					−0.3080*** (−5.15)		−0.3260*** (−5.37)
$(1-I_2)\times IAD$						0.1531*** (2.69)	0.1669*** (2.96)
Size	0.0029* (1.76)	0.0041** (2.55)	0.0023 (1.43)	0.0037** (2.31)	0.0058*** (3.55)	0.0026 (1.56)	0.0053*** (3.14)
Lev	0.1787*** (24.87)	0.1739*** (24.71)	0.1805*** (25.14)	0.1755*** (25.01)	0.1661*** (23.95)	0.1779*** (24.52)	0.1669*** (23.82)
ROA	−0.2325*** (−7.88)	−0.2082*** (−7.08)	−0.2294*** (−7.80)	−0.2080*** (−7.09)	−0.1993*** (−6.69)	−0.2315*** (−7.13)	−0.2046*** (−6.29)
Growth	0.0025 (1.09)	0.0012 (0.51)	0.0029 (1.27)	0.0014 (0.61)	0.0003 (0.14)	0.0027 (1.14)	0.0006 (0.25)
CF	0.0075 (0.42)	0.0059 (0.33)	0.0066 (0.37)	0.0054 (0.30)	0.0054 (0.30)	0.0065 (0.36)	0.0032 (0.18)
Turnover	−0.0014 (−0.47)	−0.0006 (−0.22)	−0.0013 (−0.42)	−0.0006 (−0.21)	−0.0000 (−0.01)	−0.0012 (−0.38)	0.0000 (0.01)
Liquidity	0.0053 (0.64)	0.0082 (1.01)	0.0042 (0.52)	0.0074 (0.91)	0.0076 (0.94)	0.0043 (0.53)	0.0066 (0.81)
Tangibility	−0.0071 (−0.73)	−0.0064 (−0.66)	−0.0093 (−0.95)	−0.0080 (−0.83)	−0.0095 (−0.98)	−0.0087 (−0.90)	−0.0104 (−1.07)
Cent	0.0631*** (6.91)	0.0630*** (6.90)	0.0625*** (6.83)	0.0624*** (6.83)	0.0650*** (7.13)	0.0631*** (6.91)	0.0649*** (7.12)
IndDir	0.0151 (0.67)	0.0122 (0.55)	0.0158 (0.71)	0.0129 (0.58)	0.0114 (0.51)	0.0164 (0.73)	0.0127 (0.57)
Age	−0.0158*** (−6.55)	−0.0165*** (−6.88)	−0.0149*** (−6.14)	−0.0162*** (−6.71)	−0.0171*** (−7.10)	−0.0156*** (−6.47)	−0.0171*** (−7.08)
SOE	0.0038 (1.44)	0.0050* (1.91)	0.0031 (1.17)	0.0046* (1.77)	0.0037 (1.40)	0.0038 (1.44)	0.0038 (1.47)

续表

被解释变量	EDP						
	(1)	(2)	(3)	(4)	(5)	(6)	(7)
Constant	-0.1068*** (-2.91)	-0.1422*** (-3.89)	-0.0972*** (-2.64)	-0.1356*** (-3.70)	-0.1689*** (-4.59)	-0.1034*** (-2.73)	-0.1606*** (-4.26)
Year	已控制	已控制	已控制	已控制	已控制	已控制	已控制
Industry	已控制	已控制	已控制	已控制	已控制	已控制	已控制
N	20373	20373	20373	20373	20373	20373	20373
Adj. R^2	0.1939	0.1986	0.1948	0.1989	0.1986	0.1943	0.1989

四、企业违约风险的敏感性测试

前文关于企业违约风险的计算借鉴了 Bharath 和 Shumway（2008）的方法，其中违约临界点的确定以美国历史数据为依据，采用短期负债与0.5倍长期负债的加和，然而我国企业的实际违约情况可能与美国存在一定的差异。因此，我们尝试改变违约临界点中的参数值，排除其对本章研究结论的影响。借鉴马若微等（2014）的做法，将与长期负债对应的参数值依次设定为0.1，0.2，…，0.9，1，将由此得到的企业违约风险作为被解释变量，重新对本章的假设进行检验。限于篇幅，表3-10仅报告以0.3、0.7和0.9为参数进行回归的结果，可以发现企业违约临界点的改变并未对本章的结论产生影响。

表 3-10　企业违约风险的敏感性测试

	(1)	(2)	(3)	(4)	(5)	(6)	(7)
Panel A：被解释变量为 *EDP*3							
DS	0.0111*** (2.71)	0.0128*** (2.98)	0.0158*** (3.42)	0.0186*** (3.78)	0.0098** (2.32)	0.0131*** (2.79)	0.0119** (2.29)
$DS \times I_1 \times AD$		0.1679** (2.06)		0.2024** (2.43)			
$DS \times (1-I_1) \times AD$			-0.1177* (-1.68)	-0.1392* (-1.96)			

续表

	(1)	(2)	(3)	(4)	(5)	(6)	(7)
$DS \times I_2 \times IAD$					0.1116 (1.53)		0.1292* (1.70)
$DS \times (1-I_2) \times IAD$						-0.1647** (-2.09)	-0.1349* (-1.69)
Panel B：被解释变量为 *EDP7*							
DS	0.0116*** (2.72)	0.0152*** (3.38)	0.0169*** (3.51)	0.0227*** (4.35)	0.0126*** (2.81)	0.0141*** (2.88)	0.0158*** (2.88)
$DS \times I_1 \times AD$		0.2178*** (2.66)		0.2606*** (3.10)			
$DS \times (1-I_1) \times AD$			-0.1271* (-1.79)	-0.1668** (-2.30)			
$DS \times I_2 \times IAD$					0.1511** (2.05)		0.1712** (2.24)
$DS \times (1-I_2) \times IAD$						-0.1689** (-2.03)	-0.1736** (-2.04)
Panel C：被解释变量为 *EDP9*							
DS	0.0116*** (2.67)	0.0161*** (3.49)	0.0172*** (3.50)	0.0243*** (4.55)	0.0137*** (2.98)	0.0143*** (2.87)	0.0173*** (3.09)
$DS \times I_1 \times AD$		0.2395*** (2.91)		0.2860*** (3.39)			
$DS \times (1-I_1) \times AD$			-0.1300* (-1.81)	-0.1778** (-2.43)			
$DS \times I_2 \times IAD$					0.1692** (2.29)		0.1900** (2.47)
$DS \times (1-I_2) \times IAD$						-0.1666* (-1.95)	-0.1872** (-2.14)
Controls	已控制	已控制	已控制	已控制	已控制	已控制	已控制
Year	已控制	已控制	已控制	已控制	已控制	已控制	已控制
Industry	已控制	已控制	已控制	已控制	已控制	已控制	已控制
N	20373	20373	20373	20373	20373	20373	20373

五、业绩期望差距的敏感性测试

考虑到前文业绩期望差距计算中参数的设定会对本章的研究结论产生一定的影响，借鉴郭蓉和文巧甜（2017）的做法，我们将公式中的参数 α 由 0.5 开始每次递减 0.1，对业绩期望差距重新计算，并将新的计算结果代入模型进行回归。表 3-11 依次列示了 $\alpha=0.3$、$\alpha=0.2$、$\alpha=0.1$ 时的回归结果，可以发现回归结果无显著差异，本章的研究结论保持稳健。

表 3-11　业绩期望差距的敏感性测试

被解释变量	*EDP*					
	(1)	(2)	(3)	(4)	(5)	(6)
Panel A：$\alpha=0.3$						
DS	0.0146*** (3.31)	0.0165*** (3.51)	0.0216*** (4.24)	0.0112*** (2.59)	0.0137*** (2.86)	0.0139*** (2.61)
$DS\times I_1\times AD_{37}$	0.2050** (2.55)		0.2443*** (2.97)			
$DS\times(1-I_1)\times AD_{37}$		-0.1241* (-1.86)	-0.1588** (-2.33)			
$DS\times I_2\times IAD_{37}$				0.1314* (1.79)		0.1506** (1.98)
$DS\times(1-I_2)\times IAD_{37}$					-0.1688** (-2.08)	-0.1563* (-1.90)
Panel B：$\alpha=0.2$						
DS	0.0147*** (3.32)	0.0161*** (3.44)	0.0213*** (4.16)	0.0112*** (2.58)	0.0137*** (2.85)	0.0139*** (2.60)
$DS\times I_1\times AD_{28}$	0.2060** (2.55)		0.2432*** (2.94)			
$DS\times(1-I_1)\times AD_{28}$		-0.1123* (-1.73)	-0.1455** (-2.19)			
$DS\times I_2\times IAD_{28}$				0.1314* (1.79)		0.1508** (1.98)
$DS\times(1-I_2)\times IAD_{28}$					-0.1692** (-2.08)	-0.1565* (-1.89)

续表

被解释变量	EDP					
	(1)	(2)	(3)	(4)	(5)	(6)
Panel C：α=0.1						
DS	0.0148*** (3.35)	0.0160*** (3.42)	0.0215*** (4.25)	0.0112*** (2.59)	0.0137*** (2.85)	0.0137** (2.57)
$DS \times I_1 \times AD_{19}$	0.2062** (2.56)		0.2491*** (3.08)			
$DS \times (1-I_1) \times AD_{19}$		-0.1082* (-1.70)	-0.1437** (-2.20)			
$DS \times I_2 \times IAD_{19}$				0.1314* (1.80)		0.1492** (1.96)
$DS \times (1-I_2) \times IAD_{19}$					-0.1693** (-2.08)	-0.1488* (-1.80)
Controls	已控制	已控制	已控制	已控制	已控制	已控制
Year	已控制	已控制	已控制	已控制	已控制	已控制
Industry	已控制	已控制	已控制	已控制	已控制	已控制
N	20373	20373	20373	20373	20373	20373

第七节 本章小结

本章以我国沪深两市A股上市公司2003—2016年的数据为研究样本，将战略理论与财务理论相结合，实证检验战略定位差异与企业违约风险之间的关系，以及业绩期望差距对二者之间关系的调节作用。实证结果表明：第一，战略定位差异与企业违约风险显著正相关，即企业战略定位偏离行业常规模式程度越大，企业发生违约的可能性越大；第二，业绩期望差距对战略定位差异与企业违约风险之间的关系具有显著影响，业绩期望落差能够发挥增强作用，业绩期望顺差能够发挥抑制作用；第三，对作用机制的研究表明，代理成本和经营风险均是战略定位差异影响企业违约风险的部分中介。

本章基于中国情境讨论了战略定位差异对企业违约风险的影响，并将业绩期望差距纳入研究范畴，丰富了违约风险影响因素以及战略定位经济后果的相关研究，同时能够为上市公司的风险防范以及相关监管部门的政策制定提供一定的实践指导。特别是在中国制度背景下，由于外部市场机制尚未完善，监管政策也存在一定的不足，上市公司如何选择恰当的战略定位，并保证战略有效执行，对企业的长期健康发展具有重要影响。具体而言，本章的实践价值主要体现在以下三个方面：

第一，为企业管理层明确战略定位提供有效建议。在五部委联合发布的《企业内部控制基本规范》中，“合理保证企业实现发展战略”是企业内部控制的最终目标。战略定位并非一成不变，而是一个不断调整的动态过程，这就使得如何选择合适的战略定位对于企业未来发展至关重要。本章以违约风险为切入点，考察企业战略定位的经济后果，有助于管理层以违约风险为预警器，确定战略调整的时机。

第二，为投资者制定合理的投资决策提供实践指导。收益与风险之间的平衡是投资者进行决策的重要参考依据，本章对企业战略定位评估、违约风险管理等方面的考察，有利于投资者规避投资风险，做出理性的投资决策。进一步地，个人投资决策的合理化有利于减少整个股票市场的非理性波动，提高我国资本市场的运行效率，促进经济与金融良性循环。

第三，为政府部门防范企业风险提供经验借鉴。在外需持续低迷、消费增长放缓，以及去产能结构调整尚未完成等多方面因素的综合作用下，我国宏观经济下行压力仍然较大，伴随而生的经济运行风险问题越发受到重视，如何促进经济协调、健康发展，是我国现阶段的重要任务。本章对企业战略定位与违约风险之间关系的考察，能够为政府部门强化风险管理体系、提高政策执行效率提供经验借鉴。

参考文献

[1] Allen, L., Saunders, A. Incorporating Systemic Influences into Risk Measurements: A Survey of the Literature [J]. Journal of Financial Services Research, 2004, 26 (2): 161-191.

[2] Altman, E. I. Financial Ratios, Discriminant Analysis and the Prediction of Corporate Bankruptcy [J]. Journal of Finance, 1968, 23 (4): 589-609.

[3] Ang, J. S., Cole, R. A., Lin, J. W. Agency Costs and Ownership Structure [J]. Journal of Finance, 2000, 55 (1): 81-106.

[4] Bharath, S. T., Shumway, T. Forecasting Default with the Merton Distance to Default Model [J]. Review of Financial Studies, 2008, 21 (3): 1339-1369.

[5] Boubakri, N., Cosset, J. C., Saffar, W. Corporate Risk-Taking in Privatized Firms: International Evidence on the Role of State and Foreign Owners [R]. Working Paper, 2011.

[6] Brogaard, J., Li, D., Xia, Y. Stock Liquidity and Default Risk [J]. Journal of Financial Economics, 2017, 124 (3): 486-502.

[7] Campbell, T. S., Dietrich, J. K. The Determinants of Default on Insured Conventional Residential Mortgage Loans [J]. Journal of Finance, 1983, 38 (5): 1569-1581.

[8] Carpenter, M. A. The Price of Change: The Role of CEO Compensation in Strategic Variation and Deviation from Industry Strategy Norms [J]. Journal of Management, 2000, 26 (6): 1179-1198.

[9] Chan, Y. S., Thakor, A. V. Collateral and Competitive Equilibria with Moral Hazard and Private Information [J]. Journal of Finance, 1987, 42

(2): 345-363.

[10] Chen, W. R. Determinants of Firms' Backward- and Forward-Looking R&D Search Behavior [J]. Organization Science, 2008, 19 (4): 609-622.

[11] Chiang, S. M., Chung, H., Huang, C. M. A Note on Board Characteristics, Ownership Structure and Default Risk in Taiwan [J]. Accounting and Finance, 2015, 55 (1): 57-74.

[12] Cyert, R. M., March, J. M. A Behavioral Theory of the Firm [J]. Englewood Cliffs, NJ 2, 1963.

[13] DiMaggio, P., Powell, W. W. The Iron Cage Revisited: Collective Rationality and Institutional Isomorphism in Organizational Fields [J]. American Sociological Review, 1983, 48 (2): 147-160.

[14] Finkelstein, S., Hambrick, D. C. Top-Management-Team Tenure and Organizational Outcomes: The Moderating Role of Managerial Discretion [J]. Administrative Science Quarterly, 1990, 35 (3): 484-503.

[15] Geletkanycz, M. A., Hambrick, D. C. The External Ties of Top Executives: Implications for Strategic Choice and Performance [J]. Administrative Science Quarterly, 1997, 42 (4): 654-681.

[16] Goncharov, I., Zimmermann, J. The Supply of and Demand for Accounting Information [J]. Economics of Transition, 2007, 15 (2): 257-283.

[17] Hiller, N. J., Hambrick, D. C. Conceptualizing Executive Hubris: The Role of (Hyper-) Core Self-Evaluations in Strategic Decision-Making [J]. Strategic Management Journal, 2005, 26 (4): 297-319.

[18] Hitt, M. A., Ireland, R. D., Hoskisson, R. E. Strategic Management Cases: Competitiveness and Globalization [J]. Cengage Learning, 2012.

[19] Jiménez, G., Saurina, J. Collateral, Type of Lender and Relationship Banking as Determinants of Credit Risk [J]. Journal of Banking and Finance, 2004, 28 (9): 2191-2212.

[20] John, K., Litov, L., Yeung, B. Corporate Governance and Risk-Taking [J]. Journal of Finance, 2008, 63 (4): 1679-1728.

[21] Kahneman, D., Tversky, A. Prospect Theory: An Analysis of Decision Under Risk [J]. Econometrica, 1979, 47 (2): 263-291.

[22] Kaplin, A., Levy, A., Qu, S., Wang, D., Wang, Y., Zhang, Z. The Relationship between Default Risk and Interest Rates: An Empirical Study [J]. Moody's Analytics, Moody's KMV Company, 2009.

[23] Koopman, S. J., Lucas, A. Business and Default Cycles for Credit Risk [J]. Journal of Applied Econometrics, 2005, 20 (2): 311-323.

[24] Manove, M., Padilla, A. J., Pagano, M. Collateral versus Project Screening: A Model of Lazy Banks [J]. Rand Journal of Economics, 2001, 32 (4): 726-744.

[25] Menkhoff, L., Neuberger, D., Suwanaporn, C. Collateral-Based Lending in Emerging Markets: Evidence from Thailand [J]. Journal of Banking and Finance, 2006, 30 (1): 1-21.

[26] Merton, R. C. On the Pricing of Corporate Debt: The Risk Structure of Interest Rates [J]. Journal of Finance, 1974, 29 (2): 449-470.

[27] Meyer, J. W., Rowan, B. Institutionalized Organizations: Formal Structure as Myth and Ceremony [J]. American Journal of Sociology, 1977, 83 (2): 340-363.

[28] Mintzberg, H. Patterns in Strategy Formation [J]. Management Science, 1978, 24 (9): 934-948.

[29] Ono, A., Uesugi, I. Role of Collateral and Personal Guarantees in Relationship Lending: Evidence from Japan's SME Loan Market [J]. Journal of Money, Credit and Banking, 2009, 41 (5): 935-960.

[30] Penrose, E. T. The Theory of the Growth of the Firm [M]. Oxford University Press, 1959.

[31] Sobel, M. E. Asymptotic Confidence Intervals for Indirect Effects in Structural Equation Models [J]. Sociological Methodology, 1982 (13): 290-312.

[32] Tang, J., Crossan, M., Rowe, W. G. Dominant CEO, Deviant Strategy and Extreme Performance: The Moderating Role of a Powerful Board [J]. Journal of Management Studies, 2011, 48 (7): 1479-1503.

[33] Wernerfelt, B. A Resource-Based View of the Firm [J]. Strategic Management Journal, 1984, 5 (2): 171-180.

[34] Wilson, T. C. Portfolio Credit Risk [J]. Economic Policy Review, 1998, 4 (3): 71-82.

[35] Zajac, E. J., Kraatz, M. S. A Diametric Forces Model of Strategic Change: Assessing the Antecedents and Consequences of Restructuring in the Higher Education Industry [J]. Strategic Management Journal, 1993, 14 (S1): 83-102.

[36] Zeitun, R., Tian, G. G. Does Ownership Affect a Firm's Performance and Default Risk in Jordan? [J]. Corporate Governance: The International Journal of Business in Society, 2007, 7 (1): 66-82.

[37] 陈德球，刘经纬，董志勇．社会破产成本、企业债务违约与信贷资金配置效率 [J]. 金融研究，2013 (11): 68-81.

[38] 郭蓉，文巧甜．成功、失败和灰色地带的抉择：业绩反馈与企业适应性战略变革 [J]. 南开管理评论，2017 (6): 28-41.

[39] 姜国华，岳衡．大股东占用上市公司资金与上市公司股票回报率关系的研究 [J]. 管理世界，2005 (9): 119-126.

[40] 冷奥琳，张俊瑞，邢光远．公司对外担保违约风险传递机理和影响效应研究：基于上市公司债券利差数据的实证分析 [J]. 管理评论，2015 (7): 3-14.

[41] 连燕玲，贺小刚，高皓．业绩期望差距与企业战略调整：基于中国上市公司的实证研究 [J]. 管理世界，2014 (11): 119-132.

［42］李小荣，张瑞君．股权激励影响风险承担：代理成本还是风险规避？［J］．会计研究，2014（1）：57-63.

［43］马若微，张微，白宇坤．我国上市公司动态违约概率 KMV 模型改进［J］．系统工程，2014（11）：28-36.

［44］王百强，伍利娜．审计师对采用差异化战略的客户区别对待了吗？［J］．审计研究，2017（5）：54-61.

［45］王化成，张修平，侯粲然，李昕宇．企业战略差异与权益资本成本：基于经营风险和信息不对称的中介效应研究［J］．中国软科学，2017（9）：99-113.

［46］许浩然，荆新．社会关系网络与公司债务违约：基于中国 A 股上市公司的经验证据［J］．财贸经济，2016（9）：36-52.

［47］叶康涛，董雪雁，崔倚菁．企业战略定位与会计盈余管理行为选择［J］．会计研究，2015（10）：23-29.

［48］叶康涛，刘行．公司避税活动与内部代理成本［J］．金融研究，2014（9）：158-176.

［49］叶志锋，胡玉明．盈余管理、债权保护与债务违约率：来自中国证券市场的证据［J］．山西财经大学学报，2009（11）：67-73.

［50］尹志超，甘犁．信息不对称、企业异质性与信贷风险［J］．经济研究，2011（9）：121-132.

［51］余明桂，李文贵，潘红波．管理者过度自信与企业风险承担［J］．金融研究，2013（1）：149-163.

第四章

监督视角：内部控制质量与企业违约风险

第一节 引言

美国《萨班斯法案》颁布之后，内部控制在企业中的重要地位愈加凸显。2008 年之后，我国相继出台了《企业内部控制基本规范》等一系列法律法规，为我国建立、实施内部控制制度确立了基本框架。其中，风险管理是企业内部控制建设的重要内容之一，要求企业系统分析可能存在的风险，及时采取措施将风险控制在可承受范围内。可见，内部控制是企业识别、评估、应对风险过程中不可忽视的重要环节，对企业违约风险存在重要影响，然而尚未有研究关注内控质量与企业违约风险之间的关系。

内部控制通过一系列严密的制度安排，在公司治理等诸多方面形成了相互制约、相互监督的运行机制（毛新述和孟杰，2013；张会丽和吴有红，2014），并与公司的会计信息质量、审计费用、借款利率等息息相关。Bharath 和 Shumway（2008）、Brogaard 等（2017）对 Merton（1974）提出的期权定价理论进行近似估计，提出了违约概率（Default Probability）的概念用以衡量企业的违约风险，认为金融资产配置（邓路等，2020）、公司治理水平（Chiang 等，2015；何瑛等，2020）、资本市场流动性（Brogaard 等，2017）以及宏观经济环境（Allen 和 Saunders，2004；Jiménez 和 Mencía，2009）等均会对企业的违约风险构成冲击。作为企业识别、评估、应对风险的重要环节，本章从内部控制的角度讨论企业违约风险，并对内部控制影响违约风险的具体机制进行讨论，力图丰富内部控制经济后果的相关研究。

本章以我国沪深 A 股上市公司 2007—2016 年的数据为研究样本，考察内部控制质量对企业违约风险的影响。实证结果表明：第一，高质量的内部控制能够有效降低企业违约风险；第二，当上市公司股票流动性较高时，内部控制质量越高，企业违约风险越低；第三，对中介效应的研究表明，降低代理成本、提升会计信息质量是内部控制降低企业违约风险的重要途径；第四，进一步将企业违约风险的经济后果纳入讨论。研究发现，较高的违约风险会对企业的投资规模产生负面影响，与此同时，违约风险较高的企业具有更少的长期借款和较高的商业信用。

本章的研究贡献主要体现在以下三个方面：第一，本章基于内部控制视角讨论违约风险，丰富了违约风险影响因素的相关研究。风险的大小决定了企业未来发展的可持续性，现有对违约风险影响因素的研究主要集中在企业财务状况、公司治理水平等方面，内部控制是促进企业经营管理水平提升、保证企业决策有效实施的重要机制，对内部控制与企业违约风险之间关系的考察不仅有利于加强企业自身的经营稳定性，而且有利于促进中国经济的长期繁荣。第二，本章以违约风险为载体，印证了我国内部控制建设的执行效果。近年来，我国颁布了一系列法律法规来加强和规范企业内部控制建设，从内部控制的目标出发，风险防范能力是评价企业内部控制质量的重要依据。本章通过实证研究验证了内部控制质量对企业违约风险的影响，在为我国内控政策执行效果提供直接证据的同时，也能够为相关部门完善配套制度的设计提供政策建议。第三，本章从代理成本、会计信息两个角度讨论了内部控制影响违约风险的作用机制，有利于帮助政府、监管机构和企业治理债务风险。随着违约事件的不断增多，金融安全的重要性愈加突显，但是公司治理影响违约风险的作用路径并未得到有效揭示。本章对内部控制与违约风险之间中介机制的讨论不仅有利于企业加强风险管控、优化资源配置，而且有利于监管机构提升经济运行的安全性，具有较强的现实意义。

第二节　理论分析与假设提出

一、内部控制质量与企业违约风险

由于信息不对称，债务契约履行过程中可能存在逆向选择和道德风险，使企业面临较高的违约风险。风险评估是内部控制的重要环节，有效的风险管理是企业内部控制建设的基本目标之一，因而内部控制目标的实现有利于降低企业违约风险。

对于银行等债权人来说，会计信息是外部投资者评估企业状况的可信依据，高质量的会计信息具有一定的资源优化作用，能够缓解内部经理人和外部投资者的信息不对称程度，降低企业代理成本（Biddle 和 Hilary，2006；Liang 和 Wen，2007）。Lorca 等（2011）、Fields 等（2012）提出良好的公司治理机制能够有效监督管理层的行为，有利于降低公司的违约概率。已有研究表明，内部控制与企业的会计信息质量密切相关，内部控制存在缺陷的公司从事盈余管理的可能性更大（Doylejt 等，2007；Ashbaugh-Skaife 等，2008；Chan 等，2008）、审计费用更高（Ranghunandan 和 Rama，2006；Hogan 和 Wilkins，2008；Hoitash 等，2008），内部控制的改善则有利于提升企业的会计信息质量（Altamuro 和 Beatty，2010；Goh 和 Li，2011）。Kim 等（2011）对比了披露内部控制缺陷（Internal Control Weakness，ICW）公司和无内部控制缺陷（Non-ICW）公司的借款利率差异，发现存在内部控制缺陷的公司借款利率高于无内部控制缺陷的公司。《萨班斯法案》颁布后，如果借款公司存在内部控制缺陷，贷款人则倾向于在债务契约条款中设置证券、信贷评级类的监管指标，减少使用财务比率类的监管指标（Costello 和 Wittenberg-Moerman，2011）。在《萨班斯法案》要求公司披露内部控制信息后，投资效率有所提升，说明内部控制披露能够促使股东加强监管，有效解决管理层的逆向选择和道德风险等代理问题（Cheng 等，2013）。李万福等（2011）以中国上市公司的证据证实了内部控制对于公司投资效率改善的重要作用。方红星和金玉娜（2013）分析了公司治理和内部控制对非效率投资抑制的内在机理，发现公司治理能够有效抑制公司的意愿性非效率投资，内部控制能够有效控制操作性非效率投资。陈汉文和周中胜（2014）认为良好的内控能够缓解信息不对称程度，进而降低企业的债务融资成本，减小违约风险。

内部控制通过一系列严密的制度安排，在公司治理等诸多方面形成了相互制约、相互监督的运行机制。杨德明等（2009）发现内部控制质量的提高有助于抑制大股东资金的占用，并与外部审计存在一定的替代作用。张洪辉等（2016）发现内部控制缺陷与关联交易存在正相关关系，存在内部控制缺陷的上市公司进行整改后，异常关联交易显著减少，说明良好的内部控制制度能够抑制关联交易的发生。Wang（2010）实证检验了《萨班斯法案》颁布对 CFO 的薪酬和职位的影响，发现内部控制差的公司 CFO 的薪酬较低、离职率较高（Hoitash 等，2012）。Johnstone 等（2011）进一步发现内部控制披露和董事会成员变更、审计委员会成员变更、高管变更等均存在正向关系。周继军和张旺峰（2011）基于中国 2005—2010 年的证据，提出高质量的内部控制能够抑制管理层舞弊行为。

从违约风险的角度来看，一方面，Goncharov 和 Zimmermann（2007）提出会计信息能够帮助银行评估企业的违约风险，盈余管理企业的违约风险相对较高；另一方面，Chiang 等（2015）基于机构投资者持股、管理层持股、大股东等公司治理机制，发现高质量的公司治理有助于降低公司的违约风险。高质量的内部控制能够提升企业的会计信息质量，并且通过对管理层的监管提升公司的投资效率、抑制管理层的舞弊行为，缓解企业股东和管理层的代理问题。基于此，本章提出假设 H1：

H1：内部控制质量越高，企业违约风险越低。

二、内部控制质量、股票流动性与企业违约风险

违约是公司经营周期中最重大的破坏性事件，当公司的现金流不足以弥补债务成本时，企业产生违约行为。一个流动性股票市场允许投资者在短时间内以较低的成本完成交易（Brogaard 等，2017）。当股票流动性增加了噪音交易时，会导致上市公司的错误定价和较高的股价波动，恶化公司监管机制，从而导致违约风险提高（Bhide，1993；Baker 等，2003；Goldstein 和 Guembela，2008；Ozdenoren 和 Yuan，2008；Polk 和 Sapienza，2009）；当股票流动性提升定价效率、改善公司治理时，会促使违约风险下降（Fang 等，2009）。基于此，Brogaard 等（2017）将美国证券交易委员会（SEC）的十进制改革作为外生冲击，检验了股票流动性对企业违约风险的影响，证实了股票流动性会降低企业违约风险的假设。

从股票流动性的角度看，当股票流动性较低时，由于较高的交易成本预期，投资者持有流动性较低股票的激励下降（Amihud 和 Mendelson，1986；Anderson，2017），资本市场对于管理层的监管作用不足。与之相反，较高的股票流动性能够提升股票价格的信息含量（Holden 和 Subrahmanyam，1992；Holmström 和 Tirole，1993；Subrahmanyam，2001），帮助管理层优化投资决策（Luo，2005；Chen 等，2007；Bakke 和 Whited，2010），降低公司的代理问题（Admati 和 Pfleiderer，2009；Edmans，2009；Edmans 和 Manso，2011；刘欢，2018）。因此我们预期，相对于股票流动性低的企业，内部控制质量与违约风险的负相关关系在股票流动性高的企业中更加显著。基于此，本章提出假设 H2：

H2：较高的股票流动性会强化内部控制对违约风险的降低作用。

第三节 研究设计

一、数据来源与样本选择

本章以2007—2016年沪深两市全部A股上市公司作为初始研究样本。在初始样本的基础上，按照如下原则对数据进行了筛选：①剔除金融行业上市公司样本；②剔除ST上市公司样本；③剔除相关变量存在缺失值的上市公司样本；④为了消除极端值的影响，本章对所有连续变量按1%和99%水平进行了缩尾处理，最终得到16148个企业—年度观测值。本章所使用的内部控制数据来源于深圳迪博公司内部控制与风险管理数据库，其他数据均来源于CSMAR数据库。

二、变量定义

1. 企业违约风险（*EDP*）

为了对企业违约风险进行估计，本章参照Bharath和Shumway（2008）的方法采用简化违约概率（Naïve Default Probability），对Merton（1974）提出的期权定价理论进行近似估计。Bharath和Shumway（2008）在研究中指出，简化违约概率比根据Merton DD模型计算出的违约概率实际值表现更好。

根据Merton（1974）的研究框架，企业的权益是企业潜在价值的看涨期权，其中行权价格等于企业债务的账面价值，当企业资产的价值低于企业债务的账面价值时，企业发生违约。Merton DD模型中违约距离的计算公式为

$$DD=\frac{\ln(V_A/D)+(\mu-\sigma_A^2/2)T}{\sigma_A\sqrt{T}} \tag{4-1}$$

式中，V_A 为企业资产的价值；D 为债务的账面价值；μ 为企业资产价值的期望回报率；σ_A 为企业资产价值变化的波动率；T 为看涨期权的期限。

在保证能够捕捉与 Merton DD 模型相同信息含量的情况下，根据 Bharath 和 Shumway（2008）计算简化违约概率的过程如下：

（1）假定企业债务的市场价值等于其账面价值：

$$naïveV_D = D \tag{4-2}$$

式中，债务的账面价值 D 为短期负债与 0.5 倍长期负债的加和。

由于企业债务的风险与权益的风险高度相关，因此采用权益的波动率对企业债务的波动率进行近似估计：

$$naïve\sigma_D = 0.05 + 0.25 \times \sigma_E \tag{4-3}$$

式中，0.05 表示企业债务的结构性波动；0.25 表示与违约风险相关的波动。

（2）结合式（4-2）和式（4-3），我们可以得到企业价值总波动率的近似估计：

$$\begin{aligned} naïve\sigma_V &= \frac{V_E}{V_E + naïveV_D}\sigma_E + \frac{naïveV_D}{V_E + naïveV_D} naïve\sigma_D \\ &= \frac{V_E}{V_E + D}\sigma_E + \frac{D}{V_E + D}(0.05 + 0.25 \times \sigma_E) \end{aligned} \tag{4-4}$$

（3）假定企业资产的预期回报率等于企业前一年的股票回报率：

$$naïve\mu = r_{i,t-1} \tag{4-5}$$

（4）类比 Merton DD 模型中违约距离的计算公式（4-1），可以得到简化的违约距离：

$$naïveDD = \frac{\ln\left(\frac{V_E + D}{D}\right) + (r_{i,t-1} - 0.5 naïve\sigma_V^2)T}{naïve\sigma_V\sqrt{T}} \tag{4-6}$$

具体计算时，通常将期权的到期时间 T 设定为 1 年。

（5）对式（4-6）的计算结果求累积标准正态分布，可得简化的违约概率：

$$\pi naïve = N(-naïveDD) \tag{4-7}$$

本章将参照 Bharath 和 Shumway（2008）的方法计算得到的简化违约概率 $\pi naïve$ 作为企业预期违约风险的衡量指标，记为 *EDP*（Expected Default Probability）。*EDP* 值服从正态分布，取值范围为 0～1，*EDP* 值越大，代表企业违约风险越大。

2. 内部控制质量（*ICindex*）

本章采用两种方法对企业内部控制质量进行衡量：其一，参考周美华等（2016）的做法，采用深圳迪博公司披露的内部控制信息披露指数，并取自然对数作为内控质量的替代指标，记为 *ICindex*1；其二，参考方红星和陈作华（2015）的做法，综合考虑内控信息披露内容以及内控目标实现程度，度量内部控制质量。具体包含以下五方面内容：①合规信息，如果企业当年发生违规，取值为 0，否则取值为 1；②审计意见信息，如果企业当年被审计师出具非标准审计意见，取值为 0，否则取值为 1；③盈利信息，如果企业当年盈利状况较差，小于行业内 25 百分位的企业，取值为 0，否则取值为 1；④财务报告重述信息，如果企业当年发生财务报告重述，取值为 0，否则取值为 1；⑤内部控制自评报告和鉴证报告信息，如果企业当年内部控制自评报告和鉴证报告声明企业内部控制存在重大缺陷，取值为 0，否则取值为 1。将以上五方面内容的得分进行加总，得到企业内部控制质量的度量指标，记为 *ICindex*2。以上两个内控质量的衡量指标取值越大，代表企业内部控制质量越好。

3. 股票流动性（*Liquidity*）

参考 Amihud（2002）的做法，采用非流动比率衡量股票流动性，计算公式如下：

$$Amihud = \frac{1}{D_{it}} \sum_{d=1}^{D_{it}} \left(\frac{|r_{itd}|}{V_{itd}} \right) \times 100 \qquad (4-8)$$

式中，D_{it}为股票 i 第 t 年的总交易天数；r_{itd}和 V_{itd}分别为股票 i 第 t 年 d 天的股票回报率和交易金额，二者的比值表示每百万元成交额引起的价格变化。为便于理解，回归中我们将 *Amihud* 取相反数来表示股票流动性，记为 *Liquidity*。*Liquidity* 取值越大，代表企业的股票流动性越高。

4. 控制变量

借鉴以往研究（陈德球等，2013；徐浩然和荆新，2016）并结合本章的研究问题，选择以下变量作为控制变量：企业规模、企业杠杆、盈利能力、企业成长性、现金流量、总资产周转率、固定资产比例、第一大股东持股比例、董事会独立性、企业成熟度以及产权性质。此外，本章还对年度和行业进行了控制。各变量的具体定义如表 4-1 所示。

表 4-1　变量定义

变量符号	变量名称	计算方法
EDP	企业违约风险	参照 Bharath 和 Shumway（2008）的方法采用简化违约概率对 Merton DD 模型进行近似估计
*ICindex*1	内部控制质量	迪博指数的自然对数
*ICindex*2		合规信息、审计意见信息、盈利信息、财务报告重述信息，以及内部控制自评报告和鉴证报告信息 5 个子维度的加总，取值范围为 0~5
Liquidity	股票流动性	参照 Amihud（2002）的方法计算非流动比率，并取相反数
Size	企业规模	总资产的自然对数
Lev	企业杠杆	负债总额与资产总额的比值
ROE	盈利能力	净利润与权益总额的比值
Growth	企业成长性	营业收入增长率
CF	现金流量	经营活动现金流量净额与资产总额的比值
Turnover	总资产周转率	营业收入与资产总额的比值

续表

变量符号	变量名称	计算方法
Tangibility	固定资产比例	固定资产净额与资产总额的比值
*Top*1	第一大股东持股比例	第一大股东持股比例
IndDir	董事会独立性	独立董事人数与董事会总人数的比值
Age	企业成熟度	ln（企业年龄+1）
SOE	产权性质	企业为国有企业时取值为 1，否则取值为 0

三、研究模型

为了检验内部控制对企业违约风险的影响，本章用 Bharath 和 Shumway（2008）的方法估计所得的简化违约概率衡量企业违约风险，由于企业违约风险（*EDP*）取值介于 0～1，因此本章采用 Tobit 模型进行回归，回归模型如下：

$$Tobit(EDP_{i,t+1}) = \beta_0+\beta_1 ICindex_{i,t}+\beta_2 ICindex\times Liquidity_{i,t}+\beta_3 Liquidity_{i,t}+\beta_4 Size_{i,t}+\beta_5 Lev_{i,t}+\beta_6 ROE_{i,t}+\beta_7 Growth_{i,t}+\beta_8 CF_{i,t}+\beta_9 Turnover_{i,t}+\beta_{10} Tangibility_{i,t}+\beta_{11} Top1_{i,t}+\beta_{12} IndDir_{i,t}+\beta_{13} Age_{i,t}+\beta_{14} SOE_{i,t}+\sum Year+\sum Industry+\varepsilon_{i,t} \quad (4-9)$$

第四节　实证结果

一、描述性统计

主要变量的描述性统计结果如表 4-2 所示。可以看到，企业违约风险（*EDP*）的平均值为 0.024、最小值为 0、最大值为 0.921。整体而言，我国上市公司的违约风险水平较低，但最小值和最大值之间差距较大，说明不同上市公司的违约风险存在较大差异。内部控制质量的第一个衡量指标 *ICindex*1 的最小值和最大值分别为 5.934 和 6.830，平均值为 6.503，第二个衡量指标 *ICindex*2 的取值范围为 0~5，平均值为 4.300，以上两个指标均显示出我国内部控制质量较高的特点。股票流动性（*Liquidity*）的平均值和中位数分别为-0.086 和-0.051，标准差为 0.112，整体分布基本合理。其他控制变量的分布与现有文献基本一致，不再赘述。

表 4-2　描述性统计

变量	样本量	均值	标准差	最小值	25 分位数	中位数	75 分位数	最大值
EDP_{t+1}	16148	0.024	0.127	0.000	0.000	0.000	0.000	0.921
$ICindex1_t$	16148	6.503	0.134	5.934	6.449	6.525	6.571	6.830
$ICindex2_t$	16148	4.300	0.816	0.000	4.000	4.000	5.000	5.000
$Liquidity_t$	16148	-0.086	0.112	-0.739	-0.096	-0.051	-0.026	-0.004
$Size_t$	16148	21.901	1.251	19.379	21.004	21.742	22.617	25.765
Lev_t	16148	0.459	0.213	0.050	0.295	0.462	0.623	0.940
ROE_t	16148	0.070	0.113	-0.520	0.030	0.071	0.119	0.388
$Growth_t$	16148	0.208	0.544	-0.567	-0.027	0.116	0.285	3.868
CF_t	16148	0.044	0.076	-0.191	0.003	0.044	0.088	0.252
$Turnover_t$	16148	0.664	0.470	0.072	0.351	0.551	0.828	2.643
$Tangibility_t$	16148	0.244	0.174	0.002	0.108	0.210	0.349	0.745
$Top1_t$	16148	0.362	0.152	0.092	0.239	0.343	0.471	0.753
$IndDir_t$	16148	0.369	0.052	0.300	0.333	0.333	0.400	0.571
Age_t	16148	2.139	0.703	0.693	1.609	2.303	2.708	3.258
SOE_t	16148	0.484	0.500	0.000	0.000	0.000	1.000	1.000

表 4-3 是主要变量的相关性分析。由表中结果可知，模型主要变量的相关性均较小，说明模型设定较好，不存在多重共线性的问题。

表 4-3 相关性分析

变量	EDP_{t+1}	$ICindex1_t$	$ICindex2_t$	$Liquidity_t$	$Size_t$	Lev_t	ROE_t	$Growth_t$	CF_t	$Turnover_t$	$Tangibility_t$	$Top1_t$	$IndDir_t$	Age_t	SOE_t
EDP_{t+1}	1														
$ICindex1_t$	0.044***	1													
$ICindex2_t$	0.015*	0.462***	1												
$Liquidity_t$	-0.044***	0.213***	0.112***	1											
$Size_t$	0.208***	0.354***	0.153***	0.382***	1										
Lev_t	0.203***	-0.068***	-0.136***	-0.007	0.407***	1									
ROE_t	-0.045***	0.439***	0.367***	0.118***	0.139***	-0.099***	1								
$Growth_t$	0.015*	0.128***	0.088***	-0.041***	0.036***	0.056***	0.209***	1							
CF_t	-0.069***	0.166***	0.149***	0.058***	0.036***	-0.145***	0.248***	0.022***	1						
$Turnover_t$	0.052***	0.147***	0.076***	0.003	0.043***	0.153***	0.129***	0.046***	0.131***	1					
$Tangibility_t$	0.025***	-0.058***	-0.071***	-0.010	0.077***	0.092***	-0.142***	-0.081***	0.251***	0.016**	1				
$Top1_t$	0.089***	0.156***	0.106***	0.009	0.275***	0.049***	0.112***	0.043***	0.068***	0.079***	0.048***	1			
$IndDir_t$	0.016**	0.006	-0.032***	0.022***	0.034***	-0.028***	-0.012	0.013*	-0.042***	-0.051***	-0.067***	0.042***	1		
Age_t	0.017**	-0.050***	-0.135***	0.128***	0.265***	0.395***	-0.049***	-0.016**	0.003	0.056***	0.067***	-0.081***	-0.038***	1	
SOE_t	0.093***	0.084***	0.006	0.088***	0.326***	0.285***	-0.032***	-0.042***	0.042***	0.096***	0.200***	0.197***	-0.073***	0.397***	1

二、回归分析

表 4-4 列示了内部控制质量与企业违约风险的回归结果。可以看到，在控制其他因素的影响之后，*ICindex*1 的回归系数为-0.039，在5%的水平上显著；*ICindex*2 的回归系数为-0.005，在 5%的水平上显著，即在两种不同衡量方法下，内部控制质量对企业违约风险的回归系数始终显著为负，说明内部控制质量的提升有利于降低企业违约风险，印证了本章的假设 H1。

控制变量中，企业规模（*Size*）、企业杠杆（*Lev*）、总资产周转率（*Turnover*）、固定资产比例（*Tangibility*）、第一大股东持股比例（*Top*1）的回归系数均显著为正，说明企业规模大、财务杠杆高、总资产周转率高、债务担保能力强、第一大股东持股比例高时，企业发生违约的可能性更大；盈利能力（*ROE*）、现金流量（*CF*）、企业成熟度（*Age*）的回归系数均显著为负，说明企业的盈利能力越强、现金流量越多，以及发展越成熟时，企业面临的违约风险越小。

表 4-4 内部控制质量与企业违约风险

被解释变量	$EDP_{i,t+1}$	
	(1)	(2)
$ICindex1_{i,t}$	-0.039** (-2.30)	
$ICindex2_{i,t}$		-0.005** (-2.20)
$Size_{i,t}$	0.046*** (18.30)	0.045*** (17.17)
$Lev_{i,t}$	0.318*** (23.10)	0.319*** (23.01)
$ROE_{i,t}$	-0.173*** (-7.98)	-0.177*** (-8.34)
$Growth_{i,t}$	-0.004 (-1.09)	-0.005 (-1.18)

续表

被解释变量	$EDP_{i,t+1}$	
	(1)	(2)
$CF_{i,t}$	-0.228*** (-8.06)	-0.228*** (-8.08)
$Turnover_{i,t}$	0.015*** (3.20)	0.015*** (3.09)
$Tangibility_{i,t}$	0.045*** (3.57)	0.045*** (3.58)
$Top1_{i,t}$	0.047*** (3.38)	0.048*** (3.40)
$IndDir_{i,t}$	0.042 (1.17)	0.040 (1.09)
$Age_{i,t}$	-0.040*** (-11.32)	-0.040*** (-11.31)
$SOE_{i,t}$	-0.004 (-0.93)	-0.004 (-1.00)
Constant	-1.062*** (-8.98)	-1.269*** (-21.60)
Year	已控制	已控制
Industry	已控制	已控制
N	16148	16148
Pseudo R^2	1.006	1.006

表4-5列示了内部控制质量、股票流动性与企业违约风险的回归结果。由第（1）列和第（2）列的结果可知，$ICindex1_{i,t} \times Liquidity_{i,t}$和$ICindex2_{i,t} \times Liquidity_{i,t}$的系数分别为-0.434和-0.049，均在1%的水平上显著为负，说明股票流动性越高，企业内部控制质量越高，违约风险越低，假设H2得以印证。

表 4-5 内部控制质量、股票流动性与企业违约风险

被解释变量	$EDP_{i,t+1}$	
	(1)	(2)
$ICindex1_{i,t}$	-0. 084*** (-4. 38)	
$ICindex2_{i,t}$		-0. 010*** (-3. 42)
$ICindex1_{i,t} \times Liquidity_{i,t}$	-0. 434*** (-4. 41)	
$ICindex2_{i,t} \times Liquidity_{i,t}$		-0. 049*** (-2. 71)
$Liquidity_{i,t}$	2. 725*** (4. 31)	0. 147* (1. 86)
$Size_{i,t}$	0. 049*** (18. 95)	0. 047*** (17. 39)
$Lev_{i,t}$	0. 315*** (22. 89)	0. 315*** (22. 66)
$ROE_{i,t}$	-0. 169*** (-7. 83)	-0. 175*** (-8. 25)
$Growth_{i,t}$	-0. 006 (-1. 43)	-0. 006 (-1. 39)
$CF_{i,t}$	-0. 224*** (-7. 93)	-0. 229*** (-8. 07)
$Turnover_{i,t}$	0. 016*** (3. 30)	0. 015*** (3. 15)
$Tangibility_{i,t}$	0. 044*** (3. 55)	0. 045*** (3. 58)
$Top1_{i,t}$	0. 040*** (2. 88)	0. 043*** (3. 06)
$IndDir_{i,t}$	0. 046 (1. 29)	0. 040 (1. 11)
$Age_{i,t}$	-0. 039*** (-11. 21)	-0. 039*** (-11. 07)
$SOE_{i,t}$	-0. 004 (-0. 95)	-0. 004 (-0. 97)

续表

被解释变量	$EDP_{i,t+1}$	
	(1)	(2)
Constant	-0.848*** (-6.48)	-1.299*** (-21.25)
Year	已控制	已控制
Industry	已控制	已控制
N	16148	16148
Pseudo R^2	1.011	1.008

第五节　进一步研究

一、中介效应分析

本章证实了高质量的内部控制能够降低企业违约风险的观点。那么，内部控制是通过何种机制降低企业违约风险的呢？本章采用中介效应模型，从代理成本和盈余管理两个角度进行实证检验，以便更好地认识高质量内部控制降低企业违约风险的作用机理。检验模型如下：

$$Agency_{i,t}/DA_{i,t}=\beta_0+\beta_1 ICindex_{i,t}+\beta_2 Size_{i,t}+\beta_3 Lev_{i,t}+\beta_4 ROE_{i,t}+\beta_5 Growth_{i,t}+\beta_6 CF_{i,t}+\beta_7 Turnover_{i,t}+\beta_8 Tangibility_{i,t}+\beta_9 Top1_{i,t}+\beta_{10} IndDir_{i,t}+\beta_{11} Age_{i,t}+\beta_{12} SOE_{i,t}+\sum Year+\sum Industry+\varepsilon_{i,t} \quad (4\text{-}10A)$$

$$Tobit\ (EDP_{i,t+1})=\beta_0+\beta_1 Agency_{i,t}/DA_{i,t}+\beta_2 Size_{i,t}+\beta_3 Lev_{i,t}+\beta_4 ROE_{i,t}+\beta_5 Growth_{i,t}+\beta_6 CF_{i,t}+\beta_7 Turnover_{i,t}+\beta_8 Tangibility_{i,t}+\beta_9 Top1_{i,t}+\beta_{10} IndDir_{i,t}+\beta_{11} Age_{i,t}+\beta_{12} SOE_{i,t}+\sum Year+\sum Industry+\varepsilon_{i,t} \quad (4\text{-}10B)$$

高质量的内部控制能够促使股东加强监管，有效解决管理层的逆向选择和道德风险等代理问题（Cheng 等，2013），有效降低企业的违约风险。基于此，表 4-6 借鉴侯青川等（2015）的方法，采用关联交易指标衡量企业的代理成本，讨论高质量的内部控制是否缓解了企业的代理成本，最终降低了企业违约风险。由表 4-6 可知，内部控制（*ICindex*1 和 *ICindex*2）与代理成本（*Agency*）之间的系数分别为-0.038 和-0.005，均在 5%的水平上显著，证实了内部控制能够缓解企业代理成本。企业代理成本与违约风险的系数为 0.029，在 5%的水平上显著，说明企业的代理成本越高，违约风险越大。综合表 4-6 的回归结果可知，高质量的内部控制能够有效降低企业代理成本，最终降低违约风险。

表 4-6　代理成本的中介效应分析

被解释变量	$Agency_{i,t}$	$Agency_{i,t}$	$EDP_{i,t+1}$
	(1)	(2)	(3)
$ICindex1_{i,t}$	-0.038** (-2.49)		
$ICindex2_{i,t}$		-0.005** (-2.33)	
$Agency_{i,t}$			0.029** (2.14)
$Size_{i,t}$	0.006** (2.05)	0.005* (1.71)	0.044*** (17.43)
$Lev_{i,t}$	-0.056*** (-2.89)	-0.055*** (-2.83)	0.327*** (23.47)
$ROE_{i,t}$	-0.036* (-1.80)	-0.040** (-1.98)	-0.190*** (-9.10)
$Growth_{i,t}$	0.006* (1.73)	0.005 (1.63)	-0.005 (-1.14)
$CF_{i,t}$	-0.051* (-1.95)	-0.052* (-1.95)	-0.233*** (-8.08)
$Turnover_{i,t}$	0.143*** (9.35)	0.143*** (9.34)	0.010** (2.16)
$Tangibility_{i,t}$	0.058*** (2.80)	0.058*** (2.79)	0.044*** (3.43)

续表

被解释变量	$Agency_{i,t}$	$Agency_{i,t}$	$EDP_{i,t+1}$
	(1)	(2)	(3)
$Top1_{i,t}$	0.123*** (5.55)	0.123*** (5.55)	0.042*** (2.91)
$IndDir_{i,t}$	-0.125*** (-2.90)	-0.128*** (-2.98)	0.041 (1.11)
$Age_{i,t}$	0.038*** (7.93)	0.037*** (7.88)	-0.040*** (-11.17)
$SOE_{i,t}$	0.037*** (5.26)	0.037*** (5.23)	-0.005 (-1.24)
Constant	0.013 (0.11)	-0.190*** (-2.86)	-1.285*** (-21.58)
Year	已控制	已控制	已控制
Industry	已控制	已控制	已控制
N	15519	15519	15519
Adj. R^2	0.233	0.233	
Pseudo R^2			1.002

对于银行等债权人来说，会计信息是外部投资者评估企业状况的可信依据，高质量的会计信息具有一定的资源优化作用，能够缓解内部经理人和外部投资者的信息不对称程度，降低企业代理成本（Biddle 和 Hilary，2006；Liang 和 Wen，2007）。已有研究表明，内部控制与企业的会计信息质量密切相关，内部控制存在缺陷的公司从事盈余管理的可能性更大，内部控制的改善则有利于提升企业的会计信息质量。基于此，本章借鉴 Dechow 等（1995）度量盈余管理的方法，讨论高质量的内部控制是否提升了企业的会计信息质量，最终降低企业违约风险。表 4-7 的回归结果中，内部控制（*ICindex*1 和 *ICindex*2）与盈余管理（*DA*）之间的系数分别为-0.018 和-0.003，均在 1%的水平上显著，说明高质量的内部控制能够减少企业的盈余管理，提升上市公司会计信息质量。第（3）列中盈余管理与违约风险的系数为 0.045，在 10%的水平上显著为正，说明企业的盈

余管理行为会提升企业违约风险。表 4-7 的回归结果证实了高质量的内部控制能够提升企业的会计信息质量，最终降低企业的违约风险。

表 4-7　会计信息质量的中介效应分析

被解释变量	$DA_{i,t}$	$DA_{i,t}$	$EDP_{i,t+1}$
	(1)	(2)	(3)
$ICindex1_{i,t}$	-0.018*** (-2.83)		
$ICindex2_{i,t}$		-0.003*** (-3.54)	
$DA_{i,t}$			0.045* (1.74)
$Size_{i,t}$	-0.004*** (-4.39)	-0.004*** (-4.76)	0.044*** (17.34)
$Lev_{i,t}$	0.039*** (8.09)	0.039*** (8.00)	0.322*** (23.40)
$ROE_{i,t}$	0.006 (0.58)	0.006 (0.58)	-0.186*** (-8.95)
$Growth_{i,t}$	0.037*** (17.08)	0.037*** (17.03)	-0.006 (-1.55)
$CF_{i,t}$	-0.032** (-1.96)	-0.032* (-1.94)	-0.228*** (-8.13)
$Turnover_{i,t}$	0.027*** (12.18)	0.027*** (12.06)	0.013*** (2.74)
$Tangibility_{i,t}$	-0.023*** (-4.34)	-0.023*** (-4.37)	0.048*** (3.78)
$Top1_{i,t}$	0.019*** (3.77)	0.019*** (3.79)	0.047*** (3.33)
$IndDir_{i,t}$	0.027** (2.18)	0.026** (2.03)	0.041 (1.12)
$Age_{i,t}$	0.005*** (4.08)	0.005*** (3.88)	-0.040*** (-11.28)
$SOE_{i,t}$	-0.009*** (-4.76)	-0.009*** (-4.80)	-0.004 (-0.86)

续表

被解释变量	$DA_{i,t}$	$DA_{i,t}$	$EDP_{i,t+1}$
	(1)	(2)	(3)
Constant	0. 225*** (5. 52)	0. 132*** (7. 58)	-1. 281*** (-21. 53)
Year	已控制	已控制	已控制
Industry	已控制	已控制	已控制
N	16147	16147	16147
Adj. R^2	0. 176	0. 176	
Pseudo R^2			1. 006

二、企业违约风险的经济后果分析

企业财务决策的影响因素研究是公司财务领域的经典话题（王化成等，2018）。因此，本章将研究视角拓展到违约风险的经济后果，讨论较高的违约风险究竟如何影响企业的财务决策。

1. 企业违约风险与投资决策

从企业投资决策出发，一方面，较高的违约风险可能是由管理层的道德风险引起的，因此在这种类型的企业中，管理层很可能为了追求自身利益最大化而作出偏离企业价值最大化的决策，表现为投资规模下降；另一方面，违约风险较高的企业通常面临融资约束，因而即使有净现值为正的投资项目，企业也会由于无法满足项目资金需求而错过最佳投资机会，导致投资规模较低。

为了考察企业违约风险对投资规模的影响，本章构建如下回归模型：

$$Invest_{i,t}=\beta_0+\beta_1 EDP_{i,t}+\beta_2 Size_{i,t}+\beta_3 Lev_{i,t}+\beta_4 ROE_{i,t}+\beta_5 Growth_{i,t}+\beta_6 CF_{i,t}+\beta_7 Turnover_{i,t}+\beta_8 Tangibility_{i,t}+\beta_9 Top1_{i,t}+\beta_{10} IndDir_{i,t}+\beta_{11} Age_{i,t}+\beta_{12} SOE_{i,t}+\sum Year+\sum Industry+\varepsilon \tag{4-11}$$

借鉴 Richardson（2006）的方法，采用企业的新增投资衡量投资规模；借鉴 Richardson（2006）、刘慧龙等（2012）的界定，用 *Invest* 表示企业的新增投资，*Invest*=（资本支出+并购支出-出售长期资产收入-折旧）/总资产。其中，资本支出为“购建固定资产、无形资产及其他长期资产的支出”项目金额，并购支出为“取得子公司及其他营业单位支付的现金净额”项目金额，出售长期资产收入为“处置固定资产、无形资产和其他长期资产收回的现金净额”项目金额，折旧为“当期折旧费用”项目金额。*Invest* 值越大，代表企业投资规模越大。

企业违约风险对投资规模的回归结果如表 4-8 所示。第（1）列显示了全样本中企业违约风险对投资规模的影响，可以看到，企业违约风险（*EDP*）的回归系数显著为负，说明较高的违约风险会降低企业的投资规模。

此外，良好的法律环境能够加强投资者保护，形成对企业的有效监督，从而有利于企业优化投资决策，提高资源配置效率（McLean 等，2012）。为此，我们进一步对式（4-11）进行分组回归，第（2）列、第（3）列显示了分组回归的结果。可以发现，当法律执行效率较低时，企业违约风险能够显著降低企业的投资规模；而当法律执行效率较高时，企业违约风险对投资规模的降低作用不再显著，印证了法律执行效率在加强投资者保护、监督管理层方面的作用。

表 4-8 企业违约风险与投资决策

被解释变量	$Invest_{i,t}$		
	全样本	法律执行效率高	法律执行效率低
	(1)	(2)	(3)
$EDP_{i,t}$	-0.011*** (-3.43)	-0.007 (-1.45)	-0.017*** (-3.38)
$Size_{i,t}$	0.008*** (11.92)	0.007*** (6.83)	0.010*** (10.24)
$Lev_{i,t}$	-0.001 (-0.31)	0.000 (0.02)	-0.005 (-0.85)

续表

被解释变量	$Invest_{i,t}$		
	全样本	法律执行效率高	法律执行效率低
	(1)	(2)	(3)
$ROE_{i,t}$	0.036*** (7.05)	0.036*** (4.98)	0.032*** (4.54)
$Growth_{i,t}$	0.010*** (9.75)	0.010*** (6.93)	0.010*** (6.94)
$CF_{i,t}$	0.053*** (7.11)	0.030*** (3.11)	0.071*** (6.39)
$Turnover_{i,t}$	-0.016*** (-9.40)	-0.016*** (-7.74)	-0.015*** (-5.82)
$Tangibility_{i,t}$	-0.012** (-2.25)	-0.008 (-1.05)	-0.019*** (-2.81)
$Top1_{i,t}$	-0.021*** (-4.53)	-0.019*** (-3.11)	-0.022*** (-3.15)
$IndDir_{i,t}$	-0.013 (-1.20)	-0.017 (-1.13)	-0.014 (-0.85)
$Age_{i,t}$	-0.024*** (-17.63)	-0.026*** (-14.31)	-0.022*** (-10.73)
$SOE_{i,t}$	-0.004** (-2.45)	0.000 (0.12)	-0.007*** (-3.05)
Constant	-0.067*** (-4.54)	-0.035* (-1.71)	-0.113*** (-5.28)
Year	已控制	已控制	已控制
Industry	已控制	已控制	已控制
N	14655	7591	6963
Adj. R^2	0.1516	0.1612	0.1568

2. 企业违约风险与债务融资

从企业债务期限结构来看，与长期借款相比，短期借款对企业的偿还能力要求更高、监督能力更强（Ben-Nasr 等，2015；Díaz-Díaz 和 García-Teruel，2016）。当企业违约风险较高时，银行等债权人会提高对企业借款的审查标准，企业的长期借款规模下降，短期借款规模上升。

商业信用同银行借款之间存在替代性关系，违约风险高的企业更难获取银行借款，为了弥补自身融资需求，其可能选择获取商业信用的方式进行融资。因此，随着违约风险的升高，企业的商业信用规模会有所扩大。

基于此，本部分检验企业违约风险与债务融资之间的关系，分别将债务期限结构、商业信用作为被解释变量，构建如下回归模型：

$$MS_{i,t}/MS_{i,t+1}/MS_{i,t+2}=\beta_0+\beta_1 EDP_{i,t}+\beta_2 Size_{i,t}+\beta_3 Lev_{i,t}+\beta_4 ROE_{i,t}+\beta_5 Growth_{i,t}+\beta_6 CF_{i,t}+\beta_7 Turnover_{i,t}+\beta_8 Tangibility_{i,t}+\beta_9 Top1_{i,t}+\beta_{10} IndDir_{i,t}+\beta_{11} Age_{i,t}+\beta_{12} SOE_{i,t}+\sum Year+\sum Industry+\varepsilon \tag{4-12}$$

$$NTC_{i,t}/NTC_{i,t+1}/NTC_{i,t+2}=\beta_0+\beta_1 EDP_{i,t}+\beta_2 Size_{i,t}+\beta_3 Lev_{i,t}+\beta_4 ROE_{i,t}+\beta_5 Growth_{i,t}+\beta_6 CF_{i,t}+\beta_7 Turnover_{i,t}+\beta_8 Tangibility_{i,t}+\beta_9 Top1_{i,t}+\beta_{10} IndDir_{i,t}+\beta_{11} Age_{i,t}+\beta_{12} SOE_{i,t}+\sum Year+\sum Industry+\varepsilon \tag{4-13}$$

借鉴肖作平和廖理（2008）、饶品贵和姜国华（2013）等的定义，*MS* 和 *NTC* 分别为企业的长期借款比例（长期债务与债务总额的比值）和净商业信用规模（应付账款、应付票据、预收账款的和，减去应收账款、应收票据、预付账款，并以总资产标准化）。同时，为了观察违约风险对企业债务融资的长期影响，我们分别将债务期限结构和商业信用的 $t+1$ 期和 $t+2$ 期纳入模型。

表 4-9 列示了企业违约风险与债务融资的回归结果。第（1）列到第（3）列为以长期借款比例作为被解释变量的回归结果，企业违约风险（*EDP*）的回归系数依次为-0.053、-0.047、-0.043，且均在 1%的水平上显著。第（4）列到第（6）列为以净商业信用作为被解释变量的回归结果，企业违约风险（*EDP*）的回归系数依次为 0.020、0.023、0.024，且

均在 5%的水平上显著。研究结果表明违约风险越高的企业，长期借款越少，商业信用规模越大，并且这种现象对企业具有长期影响。

表 4-9 企业违约风险与债务融资

被解释变量	$MS_{i,t}$	$MS_{i,t+1}$	$MS_{i,t+2}$	$NTC_{i,t}$	$NTC_{i,t+1}$	$NTC_{i,t+2}$
	(1)	(2)	(3)	(4)	(5)	(6)
$EDP_{i,t}$	-0.053*** (-5.17)	-0.047*** (-4.37)	-0.043*** (-4.24)	0.020** (2.19)	0.023** (2.36)	0.024** (2.29)
$Size_{i,t}$	0.043*** (18.37)	0.043*** (17.06)	0.041*** (14.92)	0.009*** (4.43)	0.010*** (4.75)	0.012*** (5.24)
$Lev_{i,t}$	0.130*** (10.15)	0.096*** (7.03)	0.067*** (4.54)	0.211*** (17.90)	0.197*** (15.90)	0.174*** (13.48)
$ROE_{i,t}$	0.012 (0.83)	0.039*** (2.58)	0.064*** (3.99)	-0.039*** (-2.74)	-0.041*** (-2.86)	-0.030** (-1.98)
$Growth_{i,t}$	0.006*** (2.83)	0.008*** (2.96)	0.010*** (3.37)	-0.007*** (-3.23)	-0.008*** (-3.95)	-0.010*** (-3.93)
$CF_{i,t}$	-0.109*** (-5.10)	-0.132*** (-5.61)	-0.111*** (-4.27)	0.366*** (18.76)	0.265*** (12.40)	0.200*** (8.68)
$Turnover_{i,t}$	-0.091*** (-16.34)	-0.086*** (-15.10)	-0.078*** (-13.51)	0.005 (0.86)	0.007 (1.27)	0.010* (1.73)
$Tangibility_{i,t}$	0.191*** (10.71)	0.162*** (8.64)	0.143*** (7.26)	0.016 (1.19)	0.017 (1.24)	0.016 (1.11)
$Top1_{i,t}$	-0.010 (-0.61)	-0.003 (-0.15)	-0.003 (-0.14)	0.030** (2.06)	0.026* (1.73)	0.020 (1.26)
$IndDir_{i,t}$	0.001 (0.03)	0.017 (0.43)	0.024 (0.56)	-0.036 (-1.03)	-0.038 (-1.02)	-0.062 (-1.59)
$Age_{i,t}$	0.004 (0.93)	0.003 (0.69)	-0.000 (-0.00)	0.017*** (4.41)	0.016*** (4.00)	0.016*** (3.89)
$SOE_{i,t}$	-0.004 (-0.76)	-0.006 (-0.97)	-0.006 (-0.86)	0.013** (2.44)	0.013** (2.33)	0.013** (2.30)
Constant	-0.858*** (-16.24)	-0.846*** (-15.08)	-0.774*** (-13.05)	-0.314*** (-7.37)	-0.306*** (-6.84)	-0.301*** (-6.51)
Year	已控制	已控制	已控制	已控制	已控制	已控制
Industry	已控制	已控制	已控制	已控制	已控制	已控制
N	16537	14243	12114	15702	13485	11379
Adj. R^2	0.3878	0.3575	0.3308	0.3316	0.3076	0.2873

第六节　稳健性检验

一、内生性检验：Heckman 两阶段回归

为了解决可能存在的内生性问题，本章采用 Heckman 两阶段方法排除样本选择偏差。第一阶段，以样本当年内部控制质量的中位数定义内控质量的虚拟变量（*ICindex_dum*）作为被解释变量进行 Probit 回归。模型中采用同年度、同地区、同行业其他上市公司内部控制质量的均值（*Indus_Region_ICindex*）作为内控质量的排除性约束变量。一般而言，同地区同行业上市公司的内控质量具有相似性，但同地区同行业其他上市公司的内控质量不会对本公司的违约风险产生直接影响。此外，模型中还控制了其他可能影响内控质量的因素。第一阶段的回归结果如表 4-10 第（1）列、第（2）列所示，可以看到，排除性约束变量 *Indus_Region_ICindex*1 和 *Indus_Region_ICindex*2 的回归系数分别为 0.748 和 0.106，均在 1%的水平上显著，说明同地区同行业其他上市公司的内部控制质量会对本公司的内部控制质量产生正向影响，符合排除性约束变量的选择条件。第二阶段，在模型（4-9）的基础上加入逆米尔斯比率（*IMR*），回归结果如表 4-10 第（3）列、第（4）列所示。由表中结果可以看到，在控制样本自选择偏差后，内部控制质量与企业违约风险依然显著负相关，与前文结论保持一致。

表 4-10　内生性检验：Heckman 两阶段回归

被解释变量	$ICindex1\_dum_{i,t}$	$ICindex2\_dum_{i,t}$	$EDP_{i,t+1}$	$EDP_{i,t+1}$
	(1)	(2)	(3)	(4)
$ICindex1_{i,t}$			-0.020** (-2.14)	
$IMR1_{i,t}$			-0.024*** (-2.84)	

续表

被解释变量	$ICindex1\_dum_{i,t}$	$ICindex2\_dum_{i,t}$	$EDP_{i,t+1}$	$EDP_{i,t+1}$
	(1)	(2)	(3)	(4)
$ICindex2_{i,t}$				-0.003** (-2.56)
$IMR2_{i,t}$				-0.046*** (-5.52)
$Indus\_Region\_ICindex1_{i,t}$	0.748*** (4.28)			
$Indus\_Region\_ICindex2_{i,t}$		0.106*** (3.45)		
$Size_{i,t}$	0.425*** (34.36)	0.316*** (24.89)	0.015*** (6.42)	0.014*** (9.04)
$Lev_{i,t}$	-0.935*** (-13.26)	-1.312*** (-17.87)	0.075*** (9.07)	0.092*** (10.86)
$ROE_{i,t}$	4.559*** (29.69)	3.999*** (28.52)	-0.150*** (-5.02)	-0.188*** (-8.01)
$Growth_{i,t}$	0.127*** (5.79)	0.014 (0.60)	0.001 (0.28)	0.002 (1.08)
$CF_{i,t}$	0.732*** (4.30)	0.598*** (3.35)	-0.063*** (-4.34)	-0.057*** (-3.95)
$Turnover_{i,t}$	0.297*** (10.50)	0.098*** (3.34)	0.006** (2.18)	0.008*** (3.27)
$Tangibility_{i,t}$	-0.300*** (-3.61)	-0.439*** (-5.10)	0.011 (1.59)	0.013* (1.88)
$Top1_{i,t}$	-0.041 (-0.52)	0.065 (0.75)	0.024*** (3.43)	0.022*** (3.23)
$IndDir_{i,t}$	0.167 (0.76)	-0.352 (-1.50)	0.044** (2.32)	0.050*** (2.66)
$Age_{i,t}$	-0.115*** (-5.86)	-0.174*** (-8.21)	-0.011*** (-6.02)	-0.009*** (-5.03)
$SOE_{i,t}$	0.026 (0.94)	-0.005 (-0.18)	-0.002 (-0.84)	-0.002 (-0.77)
Constant	-13.804*** (-11.82)	-6.306*** (-20.38)	-0.230*** (-3.10)	-0.317*** (-8.59)

续表

被解释变量	$ICindex1\_dum_{i,t}$	$ICindex2\_dum_{i,t}$	$EDP_{i,t+1}$	$EDP_{i,t+1}$
	(1)	(2)	(3)	(4)
Year	已控制	已控制	已控制	已控制
Industry	已控制	已控制	已控制	已控制
N	15112	15112	15112	15112
Pseudo R^2	0. 177	0. 202		
Adj. R^2			0. 151	0. 153
LR statistic	3709. 41	3661. 48		
P-value	0. 00	0. 00		

二、内生性检验：倾向匹配得分回归

为了缓解可能存在的遗漏变量问题，本章采用倾向匹配得分方法对样本进行回归。我们对测试组公司和控制组公司在企业规模、企业杠杆、现金流量、固定资产比例、第一大股东持股比例、公司成熟度及产权性质等方面进行匹配，在 Logit 回归基础上，计算每一个样本公司的倾向得分，并为每一个内控质量较高的样本公司选择倾向得分最接近的公司。基于匹配后的样本，本章对内部控制质量与企业违约风险之间的关系进行检验，回归结果如表 4-11 所示。可以看到，在两种衡量方法下，内部控制质量（*ICindex*）的回归系数分别为-0. 040 和-0. 011，分别在 10%和 1%的水平上显著，与前文结论保持一致。

表 4-11　内生性检验：倾向匹配得分回归

被解释变量	$EDP_{i,t+1}$	
	(1)	(2)
$ICindex1_{i,t}$	-0. 040* (-1. 95)	
$ICindex2_{i,t}$		-0. 011*** (-3. 28)

续表

被解释变量	$EDP_{i,t+1}$	
	(1)	(2)
$Size_{i,t}$	0. 043*** (17. 42)	0. 051*** (17. 48)
$Lev_{i,t}$	0. 291*** (19. 82)	0. 369*** (20. 15)
$ROE_{i,t}$	-0. 251*** (-9. 95)	-0. 184*** (-7. 04)
$Growth_{i,t}$	-0. 004 (-0. 83)	-0. 002 (-0. 28)
$CF_{i,t}$	-0. 178*** (-5. 35)	-0. 200*** (-5. 01)
$Turnover_{i,t}$	0. 011** (2. 13)	0. 003 (0. 40)
$Tangibility_{i,t}$	0. 019 (1. 19)	0. 032* (1. 65)
$Top1_{i,t}$	0. 037** (2. 41)	0. 026 (1. 29)
$IndDir_{i,t}$	0. 039 (0. 95)	0. 008 (0. 15)
$Age_{i,t}$	-0. 038*** (-9. 97)	-0. 051*** (-10. 51)
$SOE_{i,t}$	-0. 002 (-0. 30)	0. 000 (0. 02)
Constant	-0. 933*** (-6. 87)	-1. 347*** (-20. 85)
Year	已控制	已控制
Industry	已控制	已控制
N	7670	6167
Pseudo R^2	1. 412	1. 042

三、企业违约风险的敏感性测试

为了排除违约临界点设定误差对研究结论产生的影响，借鉴王化成等（2019）的做法，我们将违约临界点（短期负债+0. 5×长期负债）中与长期负债对应的参数值分别设定为 0.3 和 0.7，将由此得到的企业违约风险作为被解释变量重新进行上述回归。可以发现，内部控制质量对企业违约风险的回归系数始终显著为负，说明违约临界点的改变并未对本章的结论产生影响，研究结论保持稳健。

表 4-12 违约风险的敏感性测试（1）

被解释变量	$EDP3_{i,t+1}$			
	(1)	(2)	(4)	(5)
$ICindex1_{i,t}$	-0.039** (-2.42)	-0.077*** (-4.26)		
$ICindex2_{i,t}$			-0.005** (-2.04)	-0.008*** (-3.05)
$ICindex1_{i,t} \times Liquidity_{i,t}$		-0.363*** (-3.94)		
$ICindex2_{i,t} \times Liquidity_{i,t}$				-0.040** (-2.36)
$Liquidity_{i,t}$		2.276*** (3.85)		0.116 (1.56)
$Size_{i,t}$	0.041*** (17.29)	0.044*** (17.97)	0.040*** (16.15)	0.042*** (16.41)
$Lev_{i,t}$	0.298*** (22.56)	0.296*** (22.31)	0.300*** (22.57)	0.296*** (22.18)
$ROE_{i,t}$	-0.160*** (-7.73)	-0.157*** (-7.61)	-0.165*** (-8.13)	-0.164*** (-8.06)
$Growth_{i,t}$	-0.004 (-1.15)	-0.006 (-1.44)	-0.005 (-1.24)	-0.005 (-1.42)
$CF_{i,t}$	-0.213*** (-7.88)	-0.209*** (-7.75)	-0.214*** (-7.92)	-0.214*** (-7.91)
$Turnover_{i,t}$	0.018*** (3.99)	0.019*** (4.08)	0.018*** (3.86)	0.018*** (3.92)
$Tangibility_{i,t}$	0.037*** (3.10)	0.036*** (3.06)	0.037*** (3.12)	0.037*** (3.11)
$Top1_{i,t}$	0.048*** (3.66)	0.042*** (3.19)	0.048*** (3.68)	0.044*** (3.35)

续表

被解释变量	$EDP3_{i,t+1}$			
	(1)	(2)	(4)	(5)
$IndDir_{i,t}$	0.038 (1.09)	0.041 (1.20)	0.035 (1.01)	0.036 (1.03)
$Age_{i,t}$	-0.037*** (-10.92)	-0.036*** (-10.79)	-0.037*** (-10.89)	-0.036*** (-10.65)
$SOE_{i,t}$	-0.005 (-1.22)	-0.005 (-1.23)	-0.005 (-1.28)	-0.005 (-1.25)
Constant	-0.954*** (-8.47)	-0.777*** (-6.26)	-1.163*** (-20.65)	-1.190*** (-20.38)
Year	已控制	已控制	已控制	已控制
Industry	已控制	已控制	已控制	已控制
N	16148	16148	16148	16148
Pseudo R^2	1.125	1.130	1.125	1.127

表 4-13　违约风险的敏感性测试（2）

被解释变量	$EDP7_{i,t+1}$			
	(1)	(2)	(4)	(5)
$ICindex1_{i,t}$	-0.036** (-2.03)	-0.086*** (-4.27)		
$ICindex2_{i,t}$			-0.005** (-2.11)	-0.010*** (-3.42)
$ICindex1_{i,t} \times Liquidity_{i,t}$		-0.480*** (-4.60)		
$ICindex2_{i,t} \times Liquidity_{i,t}$				-0.054*** (-2.82)
$Liquidity_{i,t}$		3.019*** (4.51)		0.166** (2.02)
$Size_{i,t}$	0.049*** (18.90)	0.053*** (19.42)	0.048*** (17.84)	0.050*** (17.92)
$Lev_{i,t}$	0.334*** (23.64)	0.332*** (23.48)	0.335*** (23.51)	0.331*** (23.19)
$ROE_{i,t}$	-0.184*** (-8.23)	-0.180*** (-8.06)	-0.187*** (-8.54)	-0.185*** (-8.46)

续表

被解释变量	$EDP7_{i,t+1}$			
	(1)	(2)	(4)	(5)
$Growth_{i,t}$	-0.005 (-1.13)	-0.006 (-1.48)	-0.005 (-1.20)	-0.006 (-1.42)
$CF_{i,t}$	-0.241*** (-8.24)	-0.236*** (-8.11)	-0.241*** (-8.26)	-0.241*** (-8.25)
$Turnover_{i,t}$	0.011** (2.31)	0.012** (2.40)	0.011** (2.20)	0.011** (2.25)
$Tangibility_{i,t}$	0.052*** (3.93)	0.051*** (3.93)	0.052*** (3.92)	0.052*** (3.93)
$Top1_{i,t}$	0.045*** (3.06)	0.037*** (2.58)	0.045*** (3.08)	0.041*** (2.77)
$IndDir_{i,t}$	0.045 (1.20)	0.050 (1.33)	0.042 (1.12)	0.043 (1.15)
$Age_{i,t}$	-0.042*** (-11.47)	-0.041*** (-11.38)	-0.042*** (-11.46)	-0.041*** (-11.23)
$SOE_{i,t}$	-0.003 (-0.58)	-0.003 (-0.59)	-0.003 (-0.64)	-0.003 (-0.61)
Constant	-1.164*** (-9.49)	-0.921*** (-6.76)	-1.354*** (-22.27)	-1.381*** (-21.78)
Year	已控制	已控制	已控制	已控制
Industry	已控制	已控制	已控制	已控制
N	16148	16148	16148	16148
Pseudo R^2	0.937	0.942	0.937	0.939

第七节　本章小结

本章立足中国情境，以我国沪深 A 股上市公司 2007—2016 年的数据为研究样本，实证检验了内部控制质量与企业违约风险之间的关系。研究结果表明，高质量的内部控制有利于降低企业违约风险；在股票流动性较高时，这种降低作用更加显著。本章进一步从代理成本和盈余管理的角度讨论了内部控制降低违约风险的具体路径，发现较好的内部控制能够降低代理成本、提升会计信息质量，最终降低企业的违约风险。此外，本章从投资决策和债务融资两个角度讨论了违约风险对企业财务决策的影响，发现较高的违约风险会降低企业的投资规模，也会导致企业的长期借款规模下降，商业信用作为银行借款的替代性融资方式，规模会有所上涨。

随着上市公司违约事件的不断增多，如何防控企业债务风险成为政府、监管机构和企业关注的焦点问题。本章揭示了我国上市公司违约风险的现状，指明了内控建设在企业风险管理中的重要作用，不仅能够丰富违约风险影响因素以及内控质量经济后果的相关研究，而且能够为企业加强内控制度建设、完善风险管理体系，以及相关部门制定监管政策提供理论依据与实践指导。在国家防范化解重大风险、坚守风险底线的背景下，如何充分发挥自身优势，把握时代机遇，完善企业风险管理，对企业长期可持续发展至关重要。

参考文献

［1］ Admati, A. R., Pfleiderer, P. The "Wall Street Walk" and Shareholder Activism: Exit as a Form of Voice ［J］. Review of Financial Studies, 2009, 22 (7): 2645-2685.

［2］ Allen, L., Saunders, A. Incorporating Systemic Influences into Risk Measurements: A Survey of the Literature ［J］. Journal of Financial Services Research, 2004, 26 (2): 161-191.

［3］ Altamuro, J., Beatty, A. How does Internal Control Regulation Affect Financial Reporting? ［J］. Journal of Accounting and Economics, 2010, 49 (1-2): 58-74.

［4］ Amihud, Y. Illiquidity and Stock Returns: Cross-Section and Time-Series Effects ［J］. Journal of Financial Markets, 2002, 5 (1): 31-56.

[5] Amihud, Y., Mendelson, H. Liquidity and Stock Returns [J]. Financial Analysts Journal, 1986, 42 (3): 43-48.

[6] Anderson, M. A. Causal Link between Bond Liquidity and Stock Returns [J]. Journal of Empirical Finance, 2017, 44 (12): 190-208.

[7] Ashbaugh-Skaife, H., Collins, D. W., Kinney, W. R., LaFond, R. The Effect of SOX Internal Control Deficiencies and their Remediation on Accrual Quality [J]. Accounting Review, 2008, 83 (1): 217-250.

[8] Baker, M., Stein, J. C., Wurgler, J. When does the Market Matter? Stock Prices and the Investment of Equity-Dependent Firms [J]. Quarterly Journal of Economics, 2003, 118 (3): 969-1005.

[9] Bakke, T. E., Whited, T. M. Which Firms Follow the Market? An Analysis of Corporate Investment Decisions [J]. Review of Financial Studies, 2010, 23 (5): 1941-1980.

[10] Bharath, S. T., Shumway, T. Forecasting Default with the Merton Distance to Default Model [J]. Review of Financial Studies, 2008, 21 (3): 1339-1369.

[11] Bhide, A. The Hidden Costs of Stock Market Liquidity [J]. Journal of Financial Economics, 1993, 34 (1): 31-51.

[12] Biddle, G. C., Hilary, G. Accounting Quality and Firm - Level Capital Investment [J]. Accounting Review, 2006, 81 (5): 963-982.

[13] Ben-Nasr, H., Boubaker, S., Rouatbi, W. Ownership Structure, Control Contestability and Corporate Debt Maturity [J]. Journal of Corporate Finance, 2015, 35 (12): 265-285.

[14] Brogaard, J., Li, D., Xia, Y. Stock Liquidity and Default Risk [J]. Journal of Financial Economics, 2017, 124 (3): 486-502.

[15] Chan, K. C., Farrell, B., Lee, P. Earnings Management of Firms Reporting Material Internal Control Weaknesses Under Section 404 of the Sar-

banes-Oxley Act [J]. Auditing: A Journal of Practice and Theory, 2008, 27 (2): 161-179.

[16] Chen, Q., Goldstein, I., Jiang, W. Price Informativeness and Investment Sensitivity to Stock Price [J]. Review of Financial Studies, 2007, 20 (3): 619-650.

[17] Cheng, M., Dhaliwal, D., Zhang, Y. Does Investment Efficiency Improve after the Disclosure of Material Weaknesses in Internal Control over Financial Reporting? [J]. Journal of Accounting and Economics, 2013, 56 (1): 1-18.

[18] Chiang, S. M., Chung, H., Huang, C. M. A Note on Board Characteristics, Ownership Structure and Default Risk in Taiwan [J]. Accounting and Finance, 2015, 55 (1): 57-74.

[19] Costello, A. M., Wittenberg-Moerman, R. The Impact of Financial Reporting Quality on Debt Contracting: Evidence from Internal Control Weakness Reports [J]. Journal of Accounting Research, 2011, 49 (1): 97-136.

[20] Dechow, P. M., Sloan, R. G., Sweeney, A. P. Detecting Earnings Management [J]. Accounting Review, 1995, 70 (2): 193-225.

[21] Díaz - Díaz, N. L., García - Teruel, P. J., Martínez - Solano, P. Debt Maturity Structure in Private Firms: Does the Family Control Matter? [J]. Journal of Corporate Finance, 2016, 37 (4): 393-411.

[22] Doyle, J. T., Ge, W., McVay, S. Accruals Quality and Internal Control over Financial Reporting [J]. Accounting Review, 2007, 82 (5): 1141-1170.

[23] Edmans, A. Blockholder Trading, Market Efficiency and Managerial Myopia [J]. Journal of Finance, 2009, 64 (6): 2481-2513.

[24] Edmans, A., Manso, G. Governance through Trading and Intervention: A Theory of Multiple Blockholders [J]. Review of Financial Studies,

2011, 24 (7): 2395-2428.

[25] Fang, V. W., Noe, T. H., Tice, S. Stock Market Liquidity and Firm Value [J]. Journal of Financial Economics, 2009, 94 (1): 150-169.

[26] Fields, L. P., Fraser, D. R., Subrahmanyam, A. Board Quality and the Cost of Debt Capital: The Case of Bank Loans [J]. Journal of Banking and Finance, 2012, 36 (5): 1536-1547.

[27] Goh, B. W., Li, D. Internal Controls and Conditional Conservatism [J]. Accounting Review, 2011, 86 (3): 975-1005.

[28] Goldstein, I., Guembel, A. Manipulation and the Allocational Role of Prices [J]. Review of Economic Studies, 2008, 75 (1): 133-164.

[29] Goncharov, I., Zimmermann, J. The Supply of and Demand for Accounting Information [J]. Economics of Transition, 2007, 15 (2): 257-283.

[30] Hogan, C. E., Wilkins, M. S. Evidence on the Audit Risk Model: Do Auditors Increase Audit Fees in the Presence of Internal Control Deficiencies? [J]. Contemporary Accounting Research, 2008, 25 (1): 219-242.

[31] Hoitash, R., Hoitash, U., Bedard, J. C. Internal Control Quality and Audit Pricing under the Sarbanes-Oxley Act [J]. Auditing: A Journal of Practice and Theory, 2008, 27 (1): 105-126.

[32] Hoitash, R., Hoitash, U., Johnstone, K. M. Internal Control Material Weaknesses and CFO Compensation [J]. Contemporary Accounting Research, 2012, 29 (3): 768-803.

[33] Holden, C. W., Subrahmanyam, A. Long-Lived Private Information and Imperfect Competition [J]. Journal of Finance, 1992, 47 (1): 247-270.

[34] Holmström, B., Tirole, J. Market Liquidity and Performance Monitoring [J]. Journal of Political Economy, 1993, 101 (4): 678-709.

[35] Jiménez, G., Mencía, J. Modelling the Distribution of Credit Losses with Observable and Latent Factors [J]. Journal of Empirical Finance,

2009, 16 (2): 235-253.

[36] Johnstone, K., Li, C., Rupley, K. H. Changes in Corporate Governance Associated with the Revelation of Internal Control Material Weaknesses and their Subsequent Remediation [J]. Contemporary Accounting Research, 2011, 28 (1): 331-383.

[37] Kim, J. B., Song, B. Y., Zhang, L. Internal Control Weakness and Bank Loan Contracting: Evidence from SOX Section 404 Disclosures [J]. Accounting Review, 2011, 86 (4): 1157-1188.

[38] Liang, P. J., Wen, X. Accounting Measurement Basis, Market Mispricing and Firm Investment Efficiency [J]. Journal of Accounting Research, 2007, 45 (1): 155-197.

[39] Lorca, C. J, P., Sánchez-Ballesta, J., García-Meca, E. Board Effectiveness and Cost of Debt [J]. Journal of Business Ethics, 2011, 100 (4): 613-631.

[40] Luo, Y. Do Insiders Learn from Outsiders? Evidence from Mergers and Acquisitions [J]. Journal of Finance, 2005, 60 (4): 1951-1982.

[41] McLean, R. D., Zhang, T., Zhao, M. Why does the Law Matter? Investor Protection and its Effects on Investment, Finance and Growth [J]. Journal of Finance, 2012, 67 (1): 313-350.

[42] Merton, R. C. On the Pricing of Corporate Debt: The Risk Structure of Interest Rates [J]. Journal of Finance, 1974, 29 (2): 449-470.

[43] Ozdenoren, E., Yuan, K. Feedback Effects and Asset Prices [J]. Journal of Finance, 2008, 63 (4): 1939-1975.

[44] Polk, C., Sapienza, P. The Stock Market and Corporate Investment: A Test of Catering Theory [J]. Review of Financial Studies, 2009, 22 (1): 187-217.

[45] Raghunandan, K., Rama, D. V. SOX Section 404 Material Weakness

Disclosures and Audit Fees [J]. Auditing: A Journal of Practice and Theory, 2006, 25 (1): 99-114.

[46] Richardson, S. Over-Investment of Free Cash Flow [J]. Review of Accounting Studies, 2006, 11 (2-3): 159-189

[47] Subrahmanyam, A., Titman, S. Feedback from Stock Prices to Cash Flows [J]. Journal of Finance, 2001, 56 (6): 2389-2413.

[48] Wang, X. Increased Disclosure Requirements and Corporate Governance Decisions: Evidence from Chief Financial Officers in the Pre- and Post-Sarbanes-Oxley Periods [J]. Journal of Accounting Research, 2010, 48 (4): 885-920.

[49] 陈德球，刘经纬，董志勇．社会破产成本、企业债务违约与信贷资金配置效率 [J]. 金融研究，2013 (11): 68-81.

[50] 陈汉文，周中胜．内部控制质量与企业债务融资成本 [J]. 南开管理评论，2014 (3): 103-111.

[51] 邓路，刘欢，侯粲然．金融资产配置与违约风险：蓄水池效应，还是逐利效应? [J]. 金融研究，2020 (7): 172-189.

[52] 毛新述，孟杰．内部控制与诉讼风险 [J]. 管理世界，2013 (11): 155-165.

[53] 方红星，陈作华．高质量内部控制能有效应对特质风险和系统风险吗? [J]. 会计研究，2015 (4): 70-77.

[54] 方红星，金玉娜．公司治理、内部控制与非效率投资：理论分析与经验证据 [J]. 会计研究，2013 (7): 63-69.

[55] 何瑛，宋康宁，张宇扬．CFO 权力与企业债务违约 [J]. 财务研究，2020 (2): 39-53.

[56] 侯青川，靳庆鲁，陈明端．经济发展、政府偏袒与公司发展：基于政府代理问题与公司代理问题的分析 [J]. 经济研究，2015 (1): 140-152.

［57］李万福，林斌，宋璐．内部控制在公司投资中的角色：效率促进还是抑制？［J］．管理世界，2011（2）：81-99.

［58］刘欢．企业战略会影响股价同步性吗？［J］．财务研究，2018（6）：79-87.

［59］刘慧龙，吴联生，王亚平．国有企业改制、董事会独立性与投资效率［J］．金融研究，2012（9）：127-140.

［60］饶品贵，姜国华．货币政策对银行信贷与商业信用互动关系影响研究［J］．经济研究，2013（1）：68-82.

［61］王化成，侯粲然，刘欢．战略定位差异、业绩期望差距与企业违约风险［J］．南开管理评论，2019（4）：4-19.

［62］王化成，钟凯，郝恩琪，侯粲然．企业战略定位与公司财务行为：理论研究框架与建议［J］．财务研究，2018（6）：3-13.

［63］肖作平，廖理．公司治理影响债务期限水平吗：来自中国上市公司的经验证据［J］．管理世界，2008（11）：143-156.

［64］许浩然，荆新．社会关系网络与公司债务违约：基于中国 A 股上市公司的经验证据［J］．财贸经济，2016（9）：36-52.

［65］杨德明，林斌，王彦超．内部控制、审计质量与大股东资金占用［J］．审计研究，2009（5）：74-81.

［66］张洪辉，章琳一，张蕊．内部控制与关联交易：基于效率促进观和掏空观分析［J］．审计研究，2016（5）：89-97.

［67］张会丽，吴有红．内部控制、现金持有及经济后果［J］．会计研究，2014（3）：71-78.

［68］周继军，张旺峰．内部控制、公司治理与管理者舞弊研究：来自中国上市公司的经验证据［J］．中国软科学，2011（8）：141-154.

［69］周美华，林斌，林东杰．管理层权力、内部控制与腐败治理［J］．会计研究，2016（3）：56-63.

第五章

执行视角：创新决策与企业违约风险

第一节 引言

企业违约风险的高低取决于其资产价值与债务水平的相对大小。从企业层面来看，改善企业财务状况（Altman，1968；Campbell 和 Dietrich，1983；尹志超和甘犁，2011）和提高公司治理水平（Goncharov 和 Zimmermann，2007；Zeitun 和 Tian，2007；Chiang 等，2015；Brogaard 等，2017）均能够有效降低违约风险。从产品本身而言，增加创新投入，提高产品竞争力能够有效塑造竞争壁垒（Porter，1990；张金昌，2002），进而改变企业资产价值的大小，并影响违约风险。但到目前为止，尚未有学者基于中国情境对二者之间的关系进行探讨。

创新活动是企业经营活动中的一项重要投资决策，一直以来，科技创新都得到了党和国家的高度重视。早在 20 世纪 80 年代，邓小平就提出“科学技术是第一生产力”。此后，这一观点得到了江泽民、胡锦涛等中央领导的高度认可。在党的十九大报告中，习近平总书记更是将创新上升到“引领发展的第一动力”和“建设现代化经济体系的战略支撑”的高度，而且明确了创新应该“以企业为主体、市场为导向、产学研深度融合”。然而，创新活动具有典型的高风险、高收益并存的双重特征（Scherer，1965；Holmstrom，1989）。一方面，加大创新投入能够有效地帮助企业获取技术优势，塑造技术壁垒，提高产品利润；但另一方面，创新活动的结果是不确定的，一旦失败，即有可能引起企业利润的大幅波动（Scherer，1965；Holmstrom，1989）。由此可见，创新投入增加与企业违约风险之间的关系较为复杂，对二者关系的研究不但有助于企业准确把握创新投入与自身风险之间的关系，同时也有助于国家合理引导企业创新投资以及管控系统性风险。

为此，本章拟将期权定价理论与财务理论相结合，通过理论建模与实证分析综合考察企业创新投入与违约风险之间的关系。本章首先利用随机动态最优模型构建企业创新投入与违约风险之间的联系。研究发现，在理论上，企业创新投入与违约风险之间表现为U型关系，即存在一个最优的研发投入水平（阈值），在达到该阈值之前，企业创新投入对于违约风险的作用体现为“收益效应”，此时提高创新投入有助于降低违约风险；而在超过阈值之后，企业创新投入对于违约风险则体现为“风险效应”，此时提高创新投入则会带来违约风险的上升。需要说明的是，对于我国约95%的企业而言，创新投入的增加能够降低企业违约风险，发挥“收益效应”，仅有约5%的企业创新投入超过最优阈值，若继续增大会导致企业违约风险上升，表现为“风险效应”。进一步研究发现，创新投入转化为预期回报的比例越高、对企业价值波动的影响越小时，创新投入的增加越有利于违约风险的降低。在此基础上，本章以我国上市公司为研究样本，通过经验数据对理论分析的结论给予了支持，并且这些实证结果在解决内生性，以及更换企业创新与违约风险的衡量方法之后都保持稳健，证明了本章理论分析和实证结果的可靠性。

与本章较为相近的文献是Hsu等（2015），这篇文章从债券投资者视角考察了企业创新绩效与违约风险之间的关系，以美国数据为研究对象的实证结果表明二者成负相关关系，并且创新较多的企业发行债券具有相对较低的发行溢价，以及较低的实际超额收益，文章的结论主要致力于帮助债券投资者进行更为准确的债券定价。本章与Hsu等（2015）的差异主要体现在以下四个方面：

第一，本章采用理论模型与经验数据相结合的方法，使研究结论具有更强的普适性和可靠性。通过实证方法得到的数据结果可能会受到数据处理方法的影响，理论模型则有助于梳理企业创新与违约风险之间的关系，发现二者之间的内在联系，弥补经验数据方法本身存在的缺陷和不足。

第二，本章同时考虑企业创新高风险高收益的双重特点，使研究结论更加客观、全面。Hsu 等（2015）认为创新较多的企业更易获得先发优势，成为市场领导者，并且能够提高其他企业的进入壁垒，这有利于降低企业的违约风险。但是，他们忽视了创新活动的结果具有极大的不可预测性，一旦创新失败就可能会给企业造成巨大的经济损失。本章将企业创新的两种作用机制同时纳入研究框架，使研究更为科学、合理。

第三，本章主要立足企业未来发展如何做出恰当的财务决策，与前人研究视角不同。Hsu 等（2015）主要从债券定价的角度出发，考察企业创新是否能够为投资者提供有效的定价信息。本章则更多地从企业视角出发，试图为企业制定合理的投资决策提供理论依据与参考标准。

第四，本章基于中国现实情境进行研究，考虑了我国经济发展的现实状况。我国的市场经济发展依然处于初级阶段，与美国成熟资本市场具有较大差异。考虑到我国防范“系统性金融风险”的严峻现实，本章的研究能够为“深化科技体制改革，建立产学研深度融合的技术创新体系”提供政策建议与实践指导。

本章的研究贡献主要体现在以下三个方面：首先，本章基于企业创新视角讨论违约风险，拓展了违约风险影响因素的分析框架。而已有的从企业内部因素出发对违约风险的考察，主要关注了企业自身财务状况以及公司治理方面的因素，却忽视了创新这一重要投资活动对企业风险的影响。本章基于中国特色制度背景对二者关系的考察，不仅对我国上市公司完善风险管理体系具有重要意义，而且能够为监管机构防范金融风险提供经验借鉴。其次，本章基于违约风险这一经济后果，明确了创新投资在企业发展历程不同阶段扮演的角色。创新投资的双重特征导致已有文献对于创新资源配置的合理性一直存在较大争论。本章研究发现，创新投资对于企业发展存在“收益效应”和“风险效应”两种作用机制，每个企业均存在一个与自身特点相适应的最优研发投入值。这一结论丰富了创新活动经济后果方面的文献，实现了两种效应的辩证统一，能够为管理者确定最优创新战略提供参考标准。最后，本章基于违约风险的形成机理，构建了企业创新与违约风险之间关系的理论模型。而已有文献更多地停留在实证研究层面，研究结论容易受到样本选择和处理方法的影响。理论建模则有助于更好地梳理企业创新与违约风险之间的逻辑关系，发现二者之间的内在联系。本章将企业创新与违约风险纳入统一的理论框架，不仅能够丰富现有理论模型的应用视角，同时理论模型与实证研究相结合的方法也使研究结论具有更强的普适性和可靠性，有助于为后续研究提供参考和借鉴。

第二节　理论分析与模型构建

一、理论分析

创新作为企业的一项特殊投资，研发周期长，难以在短期内获得回报。更为重要的是，创新具有较高的不确定性，一旦创新失败就会给企业带来较大损失（Scherer，1965；Holmstrom，1989）；而创新成功则有助于企业利用新技术、新产品、新市场，形成自身独特的竞争优势，从而获得超额回报。正是由于创新结果的不确定性，其对企业违约风险可能存在两种截然不同的影响。

一方面，由于结果不可预测，创新活动可能会增加企业违约风险。具体而言：其一，资金需求方面。研究开发过程需要持续不断的资源投入以及大量的人力资本沉淀，因此稳定的现金流来源是企业创新成功的必要保证（Hall，1992；解维敏等，2009）。如果资金需求无法得到满足，则极易导致创新失败，从而给企业造成巨大的经济损失，并相应增加违约风险。其二，融资来源方面。创新活动获得债权融资的难度较大（李汇东等，

2013；张一林等，2016），较高的融资难度会进一步加剧企业的违约风险。这主要由于银行等债权人通常需要企业提供抵押资产，而创新活动的成果多为无形资产，无法作为抵押品提供担保；同时，债权融资需要稳定的现金流还本付息，这与创新成果的不及时性相悖（Opler 和 Titman，1994）；再加上债权人只能获取固定利息，即使企业能够创新成功，其获得的收益大小也与其所承担的风险不匹配（Stiglitz 和 Weiss，1981）。其三，信息质量方面。由于创新活动专业性强，不确定性高，难以对其进行准确的评价，并且为了防止被模仿，企业对外披露有关创新活动的信息并不完全，导致创新活动的信息质量较低（Bhattacharya 和 Ritter，1980；Anton 和 Yao，2002）。较高的信息不对称程度会增加管理者谋取私利的机会主义倾向，带来一系列代理问题，如通过过度创新扩大企业规模以谋取高额薪酬（卢锐，2014）、通过转移企业资源获取私有收益（Dhaoui 和 Jouini，2011）等。这些偏离企业价值最大化的决策最终会引起创新活动投入与产出的不匹配，对企业价值产生负面影响（肖虹和曲晓辉，2012），并引起企业违约风险的上升。

但另一方面，由于具有高收益性，创新活动也可能降低企业违约风险。究其原因主要体现在以下三个方面：其一，创新有利于提高企业价值。创新活动有助于企业通过开发新产品，拓展新市场，掌握竞争优势，从而获得财务绩效的改善和企业价值的提高（朱乃平等，2014）。已有研究表明，无形资产包括研发支出等具有直接的价值相关性，投资者在对股票定价时会充分考虑无形资产的价值（Sougiannis，1994；Lev 和 Sougiannis，1996；Aboody 和 Lev，1998；王化成等，2005）。也就是说，创新活动能够向市场传递企业未来业绩的正向信号，对企业价值具有积极影响，因而能够降低企业违约风险。其二，创新在股权融资方面具有优势。虽然创新性高的企业获得债权融资的难度较大，但在股权融资方面往往更具优势（Brown 等，2009，2013；Hsu 等，2014；李汇东等，2013；张一林等，2016）。股权投资者能够按照持股比例分享创新所带来的高额回报，因而可以激励与企业共同分担风险，并且股权融资的长期性也与创新活动的特点相契合，股权投资者更关注企业未来的成长性。张一林等（2016）通过理论分析证明，无论企业能否获得债权融资，当企业研发达到一定水平时，股权融资都将是其更加偏好的方式。其三，创新活动得到国家政策的大力支持。创新作为推动国家经济增长的主要动力，受到各国政府的高度重视，我国政府更是如此，“十一五”规划和《国家中长期科学和技术发展规划纲要（2006—2020年）》都明确提出“建设创新型国家”的目标。为了激励企业自主创新，我国中央及地方政府出台了各种支持政策，如提供财政补贴、为高风险项目提供担保、减免税收等。这为企业创造了较好的创新环境，有助于企业提升创新绩效，进而提高企业整体价值并降低违约风险。

基于以上分析可知，创新具有高风险、高收益的双重特征，这使得企业创新对违约风险的影响存在“收益效应”和“风险效应”两种作用机制。当“风险效应”占据主导地位时，创新结果较高的不确定性会降低资产价值，导致企业违约风险上升；而当“收益效应”占据主导地位时，由于创新成功能够为企业创造较高的收益，因而有利于向投资者传递企业未来发展的正向信号，进而降低企业违约风险。但以上分析并不能清楚地区分两种作用机制的具体作用情境，因此本章接下来将分别通过理论模型和经验数据对此进行检验。

二、模型构建

根据 Merton（1974）期权定价理论的研究框架，企业的权益是企业资产价值的看涨期权，其中行权价格等于企业债务的账面价值。当资产价值低于债务价值时，权益的市场价值为零，企业发生违约。参考 Black 和 Scholes（1973）、Merton（1974）的研究，本章假定企业资产的市场价值服从几何布朗运动（Geometric Brownian Motion，GBM）：

$$dV_A = \mu V_A dt + \sigma_A V_A dW \tag{5-1}$$

式中，V_A 为企业资产的价值；μ 为企业资产价值的期望回报率；σ_A 为企业资产价值变化的波动率；dW 为标准的维纳过程。

由于企业的创新活动是以构建新的竞争优势为目的，如果创新成功，能够为企业带来超额利润回报，但若创新失败，则会给企业经营带来损失，即创新活动通常不确定性较高，具有高风险、高收益的特点。因此，不难理解，企业期望回报率（μ）和企业价值波动率（σ_A）均与研发投入（RD）正相关，为论证简洁且不失一般性，假设二者与研发投入之间均为线性关系，即：

$$\mu=aRD+b \tag{5-2}$$

$$\sigma_A=cRD+d \tag{5-3}$$

式中，a、b、c、d 均为常数，且 $a>0$、$c>0$。

本章假定 D_t 为 t 时点企业债务的账面价值，债务期限为 T，即企业权益的市场价值是关于 V_A 的看涨期权，到期时间为 T，行权价格为 D_t。假定 V_E 为企业权益的市场价值，根据 Black 和 Scholes（1973），V_E 满足如下等式：

$$V_E=V_AN(d_1)-De^{-rT}N(d_2) \tag{5-4}$$

式中，r 为无风险利率；N（·）为标准正态分布的累积密度函数，

$$d_1=\frac{\ln\ (V_A/D)\ +\ (r+1/2\sigma_A^2)\ T}{\sigma_A\sqrt{T}},\ d_2=d_1-\sigma_A\sqrt{T} \tag{5-5}$$

此外，企业违约风险是企业资产价值低于债务账面价值的概率，故满足如下等式：

$$EDP_t=Prob(V_{A,t+T}\leqslant D_t\mid V_{A,t})=Prob[\ln(V_{A,t+T})\leqslant\ln(D_t)\mid V_{A,t}] \tag{5-6}$$

由于企业资产的价值服从式（5-1）所示的几何布朗运动，因此在任一时点 t 企业资产的价值满足：

$$\ln(V_{A,t+T})=\ln(V_{A,t})+(\mu-\sigma_A^2/2)T+\sigma_A\sqrt{T}\varepsilon_{t+T} \tag{5-7}$$

式中，

$$\varepsilon_{t+T}=\frac{W(t+T)-W(t)}{\sqrt{T}},\ \varepsilon_{t+T}\sim N(0,\ 1) \tag{5-8}$$

将式(5-7)和式(5-8)代入式(5-6)中可得

$$\begin{aligned} EDP_t &= Prob[\ln(V_{A,t})-\ln(D_t)+(\mu-\sigma_A^2/2)T+\sigma_A\sqrt{T}\varepsilon_{t+T}\leqslant 0] \\ &= Prob[-\frac{\ln(V_{A,t}/D_t)+(\mu-\sigma_A^2/2)T}{\sigma_A\sqrt{T}}\geqslant \varepsilon_{t+T}] \end{aligned} \tag{5-9}$$

由此可得违约距离(Default Distance，DD)的表达式为

$$DD_t=\frac{\ln(V_{A,t}/D_t)+(\mu-\sigma_A^2/2)T}{\sigma_A\sqrt{T}} \tag{5-10}$$

基于 Merton(1974)，EDP 服从正态分布，满足如下等式：

$$EDP=N(-DD)=N[-\frac{\ln(V_{A,t}/D_t)+(\mu-\sigma_A^2/2)T}{\sigma_A\sqrt{T}}] \tag{5-11}$$

为了对企业研发投入与违约风险之间的关系进行考察，本章首先关注企业研发投入对违约距离的影响。假定 $A=\ln(V_{A,t}/D_t)$，并将式(5-2)和式(5-3)代入式(5-10)可得

$$DD_t=\frac{A+(aRD+b)T}{(cRD+d)\sqrt{T}}-\frac{1}{2}(cRD+d)\sqrt{T} \tag{5-12}$$

为了得到企业研发投入与违约距离之间的关系，本章求解违约距离关于研发投入的一阶条件：

$$\frac{\partial DD_t}{\partial RD}=\frac{adT-bcT-Ac}{(cRD+d)^2\sqrt{T}}-\frac{1}{2}c\sqrt{T}=0 \tag{5-13}$$

故有

$$(cRD+d)^2=\frac{2ad}{c}-\frac{2A}{T}-2b\geqslant 0 \tag{5-14}$$

假定 $B=\frac{2ad}{c}-\frac{2A}{T}-2b$，由于企业研发投入满足 $RD\geqslant 0$，故可得企业最优研发投入金额 RD^*：

$$RD^* = \frac{2adT - 2Ac - 2bcT - cdT}{c^2 T} = \frac{\sqrt{B} - d}{c} \tag{5-15}$$

结合式（5-11）~式（5-15）可得

$$\text{当 } 0 < RD < \frac{\sqrt{B} - d}{c} \text{ 时，有 } \frac{\partial DD_t}{\partial RD} > 0, \ \frac{\partial EDP}{\partial RD} < 0; \tag{5-16}$$

$$\text{当 } RD > \frac{\sqrt{B} - d}{c} \text{ 时，有 } \frac{\partial DD_t}{\partial RD} < 0, \ \frac{\partial EDP}{\partial RD} > 0。 \tag{5-17}$$

结合式（5-16）和式（5-17），可以得到如下命题。

命题 1：企业创新与违约风险呈 U 型关系，当企业创新投入水平较低时，违约风险会随着研发投入的增加而降低；而当企业创新投入超过最优值，处于较高水平时，违约风险则会随着研发投入的增加而升高。

命题 1 说明，企业创新对违约风险产生的影响在不同情境下存在差异。结合命题 1 与前文的理论分析可以看到，从企业违约风险的角度而言，研发投入水平存在最优值。当研发投入水平较低时，企业创新活动能够在更大程度上得到投资者的认可，增加研发投入有利于提高企业价值，降低违约风险，也就是说，“收益效应”占据主导地位；而当企业研发投入超过最优值，处于较高水平时，继续增大研发投入对企业价值有害无利，并且会增加违约风险，也就是说，“风险效应”占据主导地位。

进一步分析可以看到，当研发投入对企业未来期望回报率的边际贡献 a 增加时，企业最优研发投入水平 RD^* 增加，U 型曲线右移，导致式(5-16)更易于被满足，式（5-17）则更不易于被满足，由此可得如下推论。

推论 1：研发投入转换为期望回报率的比例越高，企业创新对违约风险的降低作用越强；反之，研发投入转换为期望回报率的比例越低，企业创新对违约风险的提升作用越强。

推论 1 说明，研发投入转化为期望回报率的能力会影响企业创新与违约风险之间的关系。研发投入转化能力较强的企业具有相对更高的最优研发投入水平，使得企业创新对违约风险的影响更多地表现为“收益效应”，即二者更易于呈现负相关关系；对于研发投入转化能力较弱的企业，由于其最优研发投入水平相对较低，使企业创新对违约风险的影响更多地表现为“风险效应”，即二者更易于呈现正相关关系。

类似地，当研发投入对企业价值波动的边际贡献 c 增加时，企业最优研发投入水平 RD^* 减小，U 型曲线左移，此时式（5-16）更不易于被满足，而式（5-17）则更易于被满足，由此可得推论 2。

推论 2：研发投入引起企业价值波动的程度越大，企业创新对违约风险的提升作用越强；反之，研发投入引起企业价值波动的程度越小，企业创新对违约风险的降低作用越强。

推论 2 说明，研发投入引起企业价值波动的程度会影响企业创新对违约风险的作用效果。企业价值对研发投入的敏感性越高，企业的最优研发投入水平越低，则企业创新对违约风险的影响更多地表现为“风险效应”，即二者更易于呈现正相关关系；与之相反，企业价值对研发投入的敏感性越低，企业的最优研发投入水平越高，则企业创新对违约风险的影响更多地表现为“收益效应”，即二者更易于呈现负相关关系。

第三节　研究设计

一、数据来源与样本选择

本章以 2007—2015 年沪深两市全部 A 股上市公司作为初始研究样本。在初始样本的基础上，按照如下原则对数据进行筛选：①剔除金融行业上市公司样本；②剔除 ST 上市公司样本；③剔除相关变量存在缺失值的上市公司样本；④为了消除极端值的影响，本章对所有连续变量按 1% 和 99%水平进行了缩尾（Winsorize）处理，最终得到 7483 个企业—年度观测值。所有数据均来源于 CSMAR 数据库。

二、变量定义

1. 违约风险

20 世纪，基于期权定价理论采用 Merton DD 模型估算违约概率（Merton，1974）得到了广泛认可。其中，应用较多的是 KMV 模型，但是这一模型是以 KMV 公司构建的企业历史违约信息数据库为基础，确定违约距离与违约概率之间的映射，无法在我国被准确模仿应用。为此，Bharath 和 Shumway（2008）提出了简化违约概率（Naïve Default Probability），对 Merton（1974）提出的期权定价理论进行近似估计，并且通过对比分析发现，简化违约概率在实际应用中比其他方法表现更好。

在保证能够捕捉与 Merton DD 模型相同信息含量的情况下，根据 Bharath 和 Shumway（2008）计算简化违约概率的过程如下：

（1）假定企业债务的市场价值等于其账面价值：

$$naïve V_D = D \tag{5-18}$$

式中，债务的账面价值 D 为短期负债与 0.5 倍的长期负债之和。

由于企业债务风险与权益风险高度相关，因此采用权益的波动率对企业债务的波动率进行近似估计：

$$naïve\sigma_D = 0.05 + 0.25 \times \sigma_E \tag{5-19}$$

式中，0.05 表示企业债务的结构性波动；0.25 表示与违约风险相关的波动。

（2）结合式（5-18）、式（5-19），可以得到企业价值总波动率的近似估计：

$$\begin{aligned} naïve\sigma_V &= \frac{V_E}{V_E + naïve V_D}\sigma_E + \frac{naïve V_D}{V_E + naïve V_D} naïve\sigma_D \\ &= \frac{V_E}{V_E + D}\sigma_E + \frac{D}{V_E + D}(0.05 + 0.25 \times \sigma_E) \end{aligned} \tag{5-20}$$

（3）假定企业资产的预期回报率等于企业前一年的股票回报率，即：

$$naïve\mu = r_{i,t-1} \tag{5-21}$$

（4）类比 Merton DD 模型中违约距离的计算公式，可以得到简化的违约距离：

$$naïveDD = \frac{\ln\left(\frac{V_E + D}{D}\right) + (r_{i,t-1} - 0.5naïve\sigma_V^2)T}{naïve\sigma_V\sqrt{T}} \tag{5-22}$$

具体计算时，按照通常做法，我们将期权的到期时间 T 设定为 1 年。

（5）对式（5-22）的计算结果求累积标准正态分布，就可以得到简化违约概率（*πnaïve*）：

$$\pi naïve = N(-naïveDD) \tag{5-23}$$

本章用参照 Bharath 和 Shumway（2008）的方法计算得到的简化违约概率 *πnaïve* 衡量企业违约风险，记为 *EDP*（Expected Default Probability）。由式（5-23）不难看到，*EDP* 值服从正态分布，取值范围为 0～1，*EDP* 值越大，代表企业违约风险越大。

2. 企业创新

参照鲁桐和党印（2014）、李文贵和余明桂（2015）、孟庆斌和师倩（2017）的做法，本章采用研发支出与总资产的比值衡量企业创新投入水平，记为 *RD*。在稳健性检验中，一方面，采用研发支出与营业收入的比值重新对企业的创新投入水平进行计量；另一方面，以专利衡量创新结果，重新对企业的创新水平进行评估。

3. 研发转化效率

借鉴孟庆斌和师倩（2017）的做法，本章采用研发支出结转为无形资产的金额与研发支出总金额的比值衡量企业的研发转化效率，记为 *RD_Efficiency*。该指标值越大，代表企业的研发支出转化效率越高，创新投入对企业期望回报率的边际贡献越大。

4. 知识产权保护

借鉴史宇鹏和顾全林（2013）、吴超鹏和唐菂（2016）的做法，本章分别采用专利未被侵权率和专利侵权案件结案率两个指标衡量企业所在地区的知识产权保护程度，记为 $Patent\_Protection1$ 和 $Patent\_Protection2$。其中，$Patent\_Protection1$ 值越大，代表该地区的专利侵权现象越少，有利于营造鼓励企业自主创新的氛围；$Patent\_Protection2$ 代表发生专利侵权事件时相关机构的查处力度。因此，以上两个指标的取值越大，企业所在地区的知识产权保护程度越高，相应地，创新投入对企业期望回报率的边际贡献也越大。具体计算公式如下：

$$Patent\_Protection1 = 1 - \frac{\text{专利侵权纠纷累计立案数}}{\text{该地区累计专利授予量}} \tag{5-24}$$

$$Patent\_Protection2 = \frac{\text{专利侵权纠纷累计结案数}}{\text{专利侵权纠纷累计立案数}} \tag{5-25}$$

5. 多元化经营

借鉴姜付秀（2006）、王福胜和宋海旭（2012）的做法，本章采用以下三个指标衡量企业多元化的程度。第一，企业经营行业数目：企业主营业务收入所涉及的行业个数，记为 $Diversity1$。$Diversity1$ 值越大，企业多元化程度越高。第二，企业收入的赫芬达尔指数：$Diversity2 = \sum_{i=1}^{n} p_i^2$，其中，$p_i$ 为企业第 i 项主营业务收入占总收入的比重。$Diversity2$ 值越小，企业多元化程度越高，当企业为专业化经营时，$Diversity2$ 取值为 1。第三，企业收入熵：$Diversity3 = \sum_{i=1}^{n} p_i \ln(1/p_i)$。$Diversity3$ 值越大，企业多元化程度越高，当企业为专业化经营时，$Diversity3$ 取值为 0。

6. 信息不对称

借鉴 Amihud（2002）、方军雄（2007）、王玉涛和王彦超（2012）、李莉等（2014）的做法，本章分别采用分析师预测偏差、分析师预测分歧度，以及非流动比率三种不同的方法对企业信息不对称程度进行衡量。

（1）分析师预测偏差：分析师对企业每股盈余预测值的偏差程度，计算公式为

$$Infor\_Asymmetry1 = \frac{Abs\ (AEPS-FEPS)}{Abs\ (AEPS)} \tag{5-26}$$

式中，*AEPS* 为企业当年的实际每股盈余；*FEPS* 为分析师对企业当年的预测每股盈余。

借鉴周开国等（2014）的做法，本章选取企业实际每股盈余公布前每位分析师最终预测值的平均值，作为分析师预测每股盈余。

（2）分析师预测分歧度：分析师对企业每股盈余预测值的离散程度，计算公式为

$$Infor\_Asymmetry2 = \frac{Std\ (FEPS)}{Abs\ (AEPS)} \tag{5-27}$$

（3）非流动比率：股票日交易数据受到单一交易影响程度的大小，计算公式为

$$Infor\_Asymmetry3 = \frac{1}{T}\sum\sqrt{\frac{|\ Return\ |}{Volume}} \tag{5-28}$$

式中，*Return* 为股票日收益率；*Volume* 为股票日交易量；*T* 为年交易天数。上述三个指标值越大，代表企业的信息不对称程度越高。

7. 控制变量

借鉴以往研究（陈德球等，2013；许浩然和荆新，2016）并结合本章的研究问题，选择以下变量作为控制变量：企业规模、企业杠杆、盈利能力、企业成长性、现金流量、是否盈利、资产流动性、债务担保能力、股权集中度、股权制衡度、董事会独立性、企业成熟度以及产权性质。此外，本章还对年度和行业进行了控制。各变量的具体定义如表 5-1 所示。

表 5-1　变量定义

变量符号	变量名称	计算方法
EDP	违约风险	参照 Bharath 和 Shumway（2008）的方法采用简化违约概率对 Merton DD 模型进行近似估计
RD	创新投入	研发支出与总资产的比值

续表

变量符号	变量名称	计算方法
RD_Efficiency	研发转化效率	研发支出结转为无形资产的金额与研发支出总金额的比值
*Patent_Protection*1	知识产权保护	专利未被侵权率
*Patent_Protection*2		专利侵权案件结案率
*Diversity*1	多元化经营	企业经营行业数目
*Diversity*2		企业收入的赫芬达尔指数
*Diversity*3		企业收入熵
*Infor_Asymmetry*1	信息不对称	分析师预测偏差
*Infor_Asymmetry*2		分析师预测分歧度
*Infor_Asymmetry*3		非流动比率
Size	企业规模	市值总额的自然对数
Lev	企业杠杆	负债总额与权益总额的比值
ROE	盈利能力	净利润与权益总额的比值
Growth	企业成长性	营业收入增长率
Fcf	现金流量	经营活动现金流量净额与资产总额的比值
Loss	是否盈利	净利润为负时取值为1，否则取值为0
Liquidity	资产流动性	流动资产与资产总额的比值
Tangibility	债务担保能力	固定资产净额与资产总额的比值
Cent	股权集中度	第一大股东持股比例
Balance	股权制衡度	第二至第十大股东持股比例与第一大股东持股比例的比值
IndDir	董事会独立性	独立董事人数与董事会总人数的比值
Age	企业成熟度	上市年限加1取自然对数
SOE	产权性质	企业为国有企业时取值为1，否则取值为0

三、模型设计

由于企业违约风险（*EDP*）的取值为0~1，因此为了检验企业创新水平与违约风险之间的关系，本章采用 Tobit 模型进行回归，回归模型如下：

$$EDP_{i,t}^{*} = \beta_0 + \beta_1 RD_{i,t}^2 + \beta_2 RD_{i,t} + \beta_3 Size_{i,t} + \beta_4 Lev_{i,t} + \beta_5 ROE_{i,t} + \beta_6 Growth_{i,t} + \beta_7 Fcf_{i,t} + \beta_8 Loss_{i,t} + \beta_9 Liquidity_{i,t} + \beta_{10} Tangibility_{i,t} + \beta_{11} Cent_{i,t} + \beta_{12} Balance_{i,t} + \beta_{13} IndDir_{i,t} + \beta_{14} Age_{i,t} + \beta_{15} SOE_{i,t} + \sum Year + \sum Industry + \varepsilon_{i,t}, \varepsilon_{i,t} \mid X \sim Normal(0, \sigma^2) \quad (5-29)$$

其中，$EDP_{i,t}^{*}$表示企业预期违约风险的潜变量；$EDP_{i,t}$为预期违约风险的响应变量，取值范围为 0~1，观测值与潜变量之间的关系如式（5-30）所示：

$$\begin{aligned} &\text{如果 } 0<EDP_{i,t}^{*}<1\text{，则有 } EDP_{i,t}=EDP_{i,t}^{*} \\ &\text{如果 } EDP_{i,t}^{*}<0\text{，则有 } EDP_{i,t}=0 \\ &\text{如果 } EDP_{i,t}^{*}>1\text{，则有 } EDP_{i,t}=1 \end{aligned} \quad (5-30)$$

其中，0 和 1 是企业预期违约风险 $EDP_{i,t}$的临界值。

第四节　实证结果

一、描述性统计

主要变量的描述性统计见表 5-2。从表 5-2 可以看到，企业违约风险（*EDP*）的平均值为 0.019、中位数为 0、最小值为 0、最大值为 0.815，说明我国上市公司的违约风险普遍较低，但是不同企业之间具有较大差异，部分企业的违约风险较高。企业创新投入水平（*RD*）的平均值和中位数分别为 0.021 和 0.017，标准差为 0.018，在 0~0.093 波动，整体分布基本合理，说明不同上市公司创新投入水平差异较大。其他控制变量的分布与现有文献基本一致，不再赘述。

表 5-2　描述性统计

变量	样本量	均值	标准差	最小值	25 分位数	中位数	75 分位数	最大值
EDP	7483	0. 019	0. 108	0. 000	0. 000	0. 000	0. 000	0. 815
RD	7483	0. 021	0. 018	0. 000	0. 008	0. 017	0. 028	0. 093
Size	7483	22. 481	0. 951	20. 681	21. 777	22. 398	23. 067	25. 151
Lev	7483	1. 064	1. 138	0. 048	0. 348	0. 696	1. 356	6. 806
ROE	7483	0. 060	0. 106	-0. 504	0. 025	0. 063	0. 109	0. 305
Growth	7483	0. 161	0. 389	-0. 460	-0. 040	0. 099	0. 251	2. 428
Fcf	7483	0. 046	0. 066	-0. 130	0. 007	0. 043	0. 084	0. 234
Loss	7483	0. 096	0. 295	0. 000	0. 000	0. 000	0. 000	1. 000
Liquidity	7483	0. 569	0. 180	0. 135	0. 443	0. 581	0. 708	0. 924
Tangibility	7483	0. 236	0. 147	0. 009	0. 123	0. 209	0. 327	0. 664
Cent	7483	0. 355	0. 145	0. 092	0. 240	0. 338	0. 452	0. 741
Balance	7483	0. 824	0. 719	0. 037	0. 286	0. 631	1. 150	3. 587
IndDir	7483	0. 373	0. 052	0. 333	0. 333	0. 333	0. 429	0. 571
Age	7483	2. 066	0. 648	1. 099	1. 386	1. 946	2. 708	3. 258
SOE	7483	0. 379	0. 485	0. 000	0. 000	0. 000	1. 000	1. 000

主要变量的相关系数见表 5-3。可以看到，企业创新投入水平（*RD*）与企业违约风险（*EDP*）的相关系数为-0. 08，在 1%的水平上显著，说明我国上市公司创新投入水平的增加向市场传递了企业未来价值的正向信号，能够对违约风险起到抑制作用，因而二者之间主要呈现负相关关系。其他控制变量包括企业规模（*Size*）、企业杠杆（*Lev*）、盈利能力（*ROE*）、企业成长性（*Growth*）、现金流量（*Fcf*）、是否盈利（*Loss*）、资产流动性（*Liquidity*）、债务担保能力（*Tangibility*）、股权集中度（*Cent*）、股权制衡度（*Balance*）、董事会独立性（*IndDir*）、企业成熟度（*Age*）及产权性质（*SOE*）等相关系数均较低，基本在 0. 5 以下，说明本章的模型设定效果较好。

表 5-3 相关性分析

	EDP	RD	Size	Lev	ROE	Growth	Fcf	Loss	Liquidity	Tangibility	Cent	Balance	IndDir	Age	SOE
EDP	1.000														
RD	-0.080***	1.000													
Size	0.012	-0.023**	1.000												
Lev	0.307***	-0.229***	0.066***	1.000											
ROE	-0.097***	0.151***	0.274***	-0.276***	1.000										
Growth	-0.017	0.052***	0.136***	-0.019*	0.254***	1.000									
Fcf	-0.052***	0.104***	0.177***	-0.153***	0.332***	0.025**	1.000								
Loss	0.087***	-0.090***	-0.118***	0.229***	-0.670***	-0.194***	-0.186***	1.000							
Liquidity	-0.035***	0.281***	-0.079***	-0.060***	0.188***	0.068***	-0.121***	-0.149***	1.000						
Tangibility	0.058***	-0.201***	-0.103***	0.100***	-0.211***	-0.132***	0.178***	0.181***	-0.701***	1.000					
Cent	0.078***	-0.090***	0.195***	0.088***	0.069***	-0.007	0.080***	-0.013	-0.011	0.072***	1.000				
Balance	-0.052***	0.131***	-0.043***	-0.174***	0.044***	0.116***	0.005	-0.056***	0.029**	-0.087***	-0.696***	1.000			
IndDir	0.014	0.015	0.047***	-0.005	-0.024**	-0.007	-0.031***	0.007	0.026**	-0.057***	0.047***	-0.044***	1.000		
Age	0.055***	-0.194***	0.261***	0.341***	-0.088***	-0.117***	0.016	0.119***	-0.192***	0.093***	-0.041***	-0.217***	-0.050***	1.000	
SOE	0.119***	-0.145***	0.173***	0.305***	-0.083***	-0.109***	-0.020*	0.100***	-0.147***	0.147***	0.217***	-0.278***	-0.054***	0.493***	1.000

二、回归分析

本章采用式（5-29）考察企业创新投入与违约风险之间的关系，其中被解释变量是用简化违约概率衡量企业违约风险（*EDP*），主要解释变量是用研发支出与总资产比值衡量企业创新投入（*RD*）及其二次项（RD^2），回归结果见表 5-4。

从表 5-4 可以看到，第（1）列、第（2）列只加入企业创新投入水平（*RD*）时，*RD* 的回归系数显著为负。在此基础上，第（3）列、第（4）列同时加入企业创新投入的二次项（RD^2）和一次项（*RD*）。此时，RD^2 的回归系数显著为正，*RD* 的回归系数显著为负，说明企业创新投入对违约风险的影响表现为 U 型关系，即存在某一阈值，在达到该阈值之前，创新投入的增加能够向市场传递正向信号，提高投资者对企业的认可，为企业带来“收益效应”，从而使违约风险下降；但随着企业创新投入水平的增加，超过阈值之后，创新结果不可预测性所带来的“风险效应”超过“收益效应”发挥主导作用，则会降低投资者对企业价值的评估，使其违约风险相应提高，由此验证了本章的命题 1。

同时，根据表 5-4 的数据结果可以计算得到，创新投入与违约风险之间关系的阈值为 0.062［=1.214/(2×9.822)］，也就是说，只有当企业创新投入达到总资产的 6.2%以上时，创新投入对违约风险的影响才表现为正相关关系。结合描述性统计分析（见表 5-2）结果可知，我国上市公司的创新投入水平普遍较低，这个阈值大约为研发支出与总资产比值的 95 分位数。这就意味着，对于我国约 95%的企业而言，创新投入的增加能够为企业带来“收益效应”，降低企业违约风险，仅有约 5%的企业创新投入超过最优阈值，若继续增大则会导致企业违约风险上升。

表 5-4 企业创新投入与违约风险

被解释变量	EDP			
	(1)	(2)	(3)	(4)
RD^2			31.406*** (6.10)	9.822** (2.21)
RD	-1.595*** (-8.33)	-0.523*** (-3.48)	-3.664*** (-8.64)	-1.214*** (-3.25)
Size		0.005 (1.48)		0.005 (1.39)
Lev		0.054*** (14.92)		0.053*** (14.83)
ROE		-0.097** (-2.15)		-0.095** (-2.13)
Growth		0.004 (0.73)		0.004 (0.74)
Fcf		-0.111*** (-2.90)		-0.109*** (-2.85)
Loss		-0.010 (-0.84)		-0.010 (-0.88)
Liquidity		-0.072*** (-3.71)		-0.067*** (-3.46)
Tangibility		0.052** (2.21)		0.055** (2.34)
Cent		0.116*** (4.75)		0.115*** (4.70)
Balance		0.019*** (4.25)		0.019*** (4.20)
IndDir		0.036 (0.85)		0.034 (0.80)
Age		-0.014*** (-2.97)		-0.015*** (-3.11)
SOE		0.012** (2.16)		0.012** (2.19)
Constant	-0.026*** (-6.98)	-0.290*** (-3.43)	-0.006 (-1.27)	-0.281*** (-3.33)
Year	已控制	已控制	已控制	已控制
Industry	已控制	已控制	已控制	已控制

续表

被解释变量	EDP			
	(1)	(2)	(3)	(4)
N	7483	7483	7483	7483
Pseudo R^2	0. 142	2. 176	0. 190	2. 181

进一步，我们参照 Brogaard 等（2017）的做法构建投资组合，将每一年度的样本企业按照创新水平由低到高分为 10 组，在每一投资组合内计算样本企业违约风险的均值，数据结果见表 5-5 和图 5-1。整体来看，大部分企业随着创新水平的提高，违约风险呈下降趋势，表现为“收益效应”。但是第 10 组样本企业违约风险的均值显著高于第 9 组，已经出现上扬趋势，说明虽然现阶段我国仅有少部分上市公司到达 U 型关系的底部，但 U 型关系的拐点真实存在。因此，企业创新与违约风险之间的确存在 U 型关系。表 5-5 列示了创新水平最低组与最高组之间的差异检验结果，可以看到，两组样本的差异在 1%的水平上显著。

由以上分析可知，企业创新与违约风险之间的确存在 U 型关系，即在达到最优阈值之前，违约风险会随着创新投入的增加而降低，超过最优阈值之后，创新投入的再次增加则只能带来违约风险的上升。结合我国目前的发展状况来看，仅有少部分企业达到最优阈值，处于 U 型关系的底部，对于大部分企业而言，创新投入增加将有利于降低企业违约风险。

表 5-5　单变量分析结果

组别	EDP 均值
1（RD 最少）	0. 041
2	0. 042
3	0. 024
4	0. 015
5	0. 018
6	0. 014

续表

组别	*EDP* 均值
7	0.008
8	0.012
9	0.008
10（*RD* 最多）	0.010
1~10 差值	0.031***
t 值	4.919

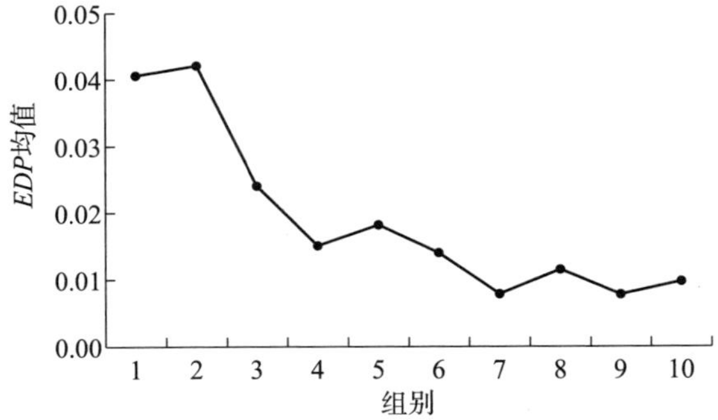

图 5-1 企业创新与违约风险变化趋势

第五节 进一步研究

如前所述，考虑到在我国当前资本市场情境下，企业创新投入对违约风险的影响更多地表现为“收益效应”而非“风险效应”。因此，在后续对其他推论的检验中，本章仅考虑二者之间的负相关关系。仍然以企业违约风险（*EDP*）作为被解释变量，企业创新投入（*RD*）作为解释变量，采用 Tobit 模型进行回归，回归模型为

$$EDP_{i,t}^{*} = \beta_0 + \beta_1 RD_{i,t} + \beta_2 Size_{i,t} + \beta_3 Lev_{i,t} + \beta_4 ROE_{i,t} + \beta_5 Growth_{i,t} + \beta_6 Fcf_{i,t} + \beta_7 Loss_{i,t} + \beta_8 Liquidity_{i,t} + \beta_9 Tangibility_{i,t} + \beta_{10} Cent_{i,t} +$$

$$\beta_{11} Balance_{i,t} + \beta_{12} IndDir_{i,t} + \beta_{13} Age_{i,t} + \beta_{14} SOE_{i,t} + \sum Year + \sum Industry + \varepsilon_{i,t} \varepsilon_{i,t} \mid X \sim Normal(0, \sigma^2) \quad (5-31)$$

（一）创新投入对企业期望回报率边际贡献的影响（推论 1 的验证）

本章首先分别基于研发转化效率和知识产权保护两个角度对推论 1 进行验证，即研发投入转换为预期回报的能力越高，企业创新对违约风险的降低作用越强；反之，研发投入转换为预期回报的能力越低，企业创新对违约风险的提升作用越强。

研发转化效率的角度相对比较直观。不难看到，企业的研发转化效率越高，研发投入单位增加使企业期望回报率提高的程度越大，这将导致企业具有更大的最优研发投入阈值，有利于创新在更大范围内发挥“收益效应”，降低违约风险。因此，对于研发转化效率越高的企业，创新投入与违约风险之间的负相关关系越强。

从知识产权保护的角度而言，企业的创新意愿受到社会知识产权保护程度的影响（Katz 和 Shapiro，1987；王虎城，2002；董雪兵和史晋川，2006）。其原因在于：一方面，在很多情况下，企业无法依靠自身的力量阻止其他竞争者对自己创新成果的模仿（Arrow，1962），但社会知识产权保护水平的提高有助于降低企业创新成果受到侵犯的概率，进而促进企业创新意愿的提高（史宇鹏和顾全林，2013）。另一方面，如前所述，创新活动具有较高的信息不对称性，不利于投资者对企业创新进行准确评估，从而容易导致企业融资难度上升（Hall，2002；Anton 和 Yao，2002；Ueda，2004）。此时，如果社会知识产权保护水平较高，则企业可以通过加强信息披露，使外部投资者更加准确、全面地了解企业的创新活动，由此缓解融资约束。已有研究对这一观点给予了支持，史宇鹏和顾全林（2013）研究发现，知识产权侵权程度上升会显著减少企业的研发投入，而地区有关部门对侵权事件的惩处力度增加，则有利于提高企业创新投入的积极性。吴超鹏和唐药（2016）的研究证实地区知识产权保护水平的提高，可以通过缓解外部融资约束和降低研发溢出损失两条路径来提高企业的创新能力，表现为研发投入和专利产出均有所增加。可见，地区知识产权保护水平提高不仅能够改善企业的创新意愿，而且能够促进创新成果转化，即增加创新投入对企业期望回报率的边际贡献，进而达到增强创新投入与违约风险之间负相关关系的效果。

本章分别以研发转化效率和知识产权保护程度衡量企业创新投入对未来期望回报率的边际贡献，并以样本年度中位数为临界值，将样本分为两组，采用模型（5-31）进行分组回归，回归结果见表5-6。第（1）列、第（2）列为按研发转化效率分组的回归结果，可以看到，企业创新投入（*RD*）的回归系数在两组中均为负，但仅在研发转化效率较高组中显著。第（3）列~第（6）列为按知识产权保护程度分组的回归结果，可以看到，知识产权保护程度较高组中企业创新投入（*RD*）的回归系数分别为-0.732和-0.673，且均在1%的水平上显著，而知识产权保护程度较低组中企业创新投入（*RD*）的回归系数均不显著。以上结果说明，创新投入对企业未来期望回报率的边际贡献越大，对违约风险的降低作用就越强，印证了本章的推论1。

表5-6　企业创新投入与违约风险——推论1检验

被解释变量	*EDP*					
	RD_ Efficiency		*Patent_ Protection*1		*Patent_ Protection*2	
	研发转化效率高	研发转化效率低	知识产权保护程度高	知识产权保护程度低	知识产权保护程度高	知识产权保护程度低
	(1)	(2)	(3)	(4)	(5)	(6)
RD	-1.282*** (-3.70)	-0.140 (-0.80)	-0.732*** (-3.31)	-0.314 (-1.59)	-0.673*** (-3.27)	-0.315 (-1.54)
Size	0.010** (2.03)	0.000 (0.10)	0.005 (1.19)	0.006 (1.13)	0.008* (1.66)	0.001 (0.23)
Lev	0.052*** (11.30)	0.056*** (9.66)	0.051*** (9.92)	0.057*** (10.74)	0.057*** (11.12)	0.051*** (9.81)

续表

被解释变量	EDP					
	RD_ Efficiency		Patent_ Protection1		Patent_ Protection2	
	研发转化效率高	研发转化效率低	知识产权保护程度高	知识产权保护程度低	知识产权保护程度高	知识产权保护程度低
	(1)	(2)	(3)	(4)	(5)	(6)
ROE	-0. 039 (-0. 64)	-0. 190*** (-3. 26)	-0. 088 (-1. 20)	-0. 108** (-2. 14)	-0. 099 (-1. 39)	-0. 086* (-1. 74)
Growth	0. 011 (1. 25)	-0. 003 (-0. 36)	0. 007 (0. 86)	0. 001 (0. 08)	0. 008 (0. 93)	-0. 001 (-0. 09)
Fcf	-0. 154*** (-2. 65)	-0. 038 (-0. 83)	-0. 148** (-2. 41)	-0. 078* (-1. 69)	-0. 127** (-2. 16)	-0. 089* (-1. 91)
Loss	0. 003 (0. 19)	-0. 026* (-1. 66)	0. 002 (0. 12)	-0. 024* (-1. 78)	0. 001 (0. 08)	-0. 020 (-1. 54)
Liquidity	-0. 049** (-1. 97)	-0. 088*** (-2. 70)	-0. 072*** (-2. 63)	-0. 077*** (-2. 79)	-0. 093*** (-3. 50)	-0. 046* (-1. 83)
Tangibility	0. 073** (2. 53)	0. 019 (0. 48)	0. 064* (1. 91)	0. 036 (1. 12)	0. 056* (1. 75)	0. 051 (1. 63)
Cent	0. 099*** (2. 93)	0. 129*** (3. 93)	0. 133*** (3. 93)	0. 103*** (2. 94)	0. 090*** (2. 75)	0. 143*** (3. 96)
Balance	0. 020*** (3. 15)	0. 017*** (2. 68)	0. 026*** (4. 20)	0. 012** (1. 99)	0. 017*** (2. 77)	0. 023*** (3. 64)
IndDir	0. 079 (1. 27)	-0. 034 (-0. 73)	0. 068 (1. 18)	0. 015 (0. 23)	-0. 002 (-0. 02)	0. 052 (1. 07)
Age	-0. 022*** (-3. 11)	-0. 012* (-1. 95)	-0. 015** (-1. 97)	-0. 014** (-2. 39)	-0. 016** (-2. 55)	-0. 012* (-1. 74)
SOE	0. 015* (1. 93)	0. 007 (0. 92)	0. 005 (0. 58)	0. 021*** (2. 91)	0. 016** (2. 04)	0. 007 (0. 99)
Constant	-0. 400*** (-3. 38)	-0. 154 (-1. 29)	-0. 313*** (-2. 82)	-0. 307** (-2. 28)	-0. 323*** (-2. 70)	-0. 242** (-2. 32)
Year	已控制	已控制	已控制	已控制	已控制	已控制
Industry	已控制	已控制	已控制	已控制	已控制	已控制
N	3744	3739	3991	3462	4163	3290
Pseudo R^2	2. 271	2. 581	2. 110	2. 380	1. 521	9. 639

二、创新投入对企业价值波动边际贡献的影响（推论2的验证）

本章分别基于多元化经营和信息不对称两个角度对推论2进行验证，即研发投入引起企业价值波动的程度越大，企业创新对违约风险的提升作用越强；研发投入引起企业价值波动的程度越小，企业创新对违约风险的降低作用越强。

多元化经营企业的业务范围涵盖多个行业，由于不同行业的运行特点不尽相同，且与经济周期的相关性也存在差异，因此多个行业的叠加能够在一定程度上降低企业的整体经营风险（Markowitz，1952）。此外，多元化在帮助企业增强市场控制力（Shepherd，1970）、形成协同效应（Rumelt，1974），以及建立内部资本市场以缓解融资约束（Alchian，1969；Williamson，1975）方面具有积极作用，从而增强了企业抵御风险的能力。朱江（1999）的研究表明，多元化经营与企业业绩之间并不存在显著的因果关系，却能够显著降低企业利润水平的波动。类似地，卢闯等（2011）研究发现，多元化程度越高的企业盈余波动性越低。创新活动本身不确定性较高，一旦失败就将给企业造成重创，但是对于多元化经营的企业而言，创新活动所带来的风险可以被企业的其他业务分担，因而企业多元化程度的提高有利于降低创新投入对企业价值波动的影响，进而增强创新投入与违约风险之间的负相关关系。

信息不对称对企业创新与违约风险之间关系的影响主要体现在以下三个方面：第一，从信息传播的角度来看，创新活动具有专业性强、不确定性高的特点，投资者通常难以对创新活动做出准确评估（Bhattacharya 和 Ritter，1980；Anton 和 Yao，2002），较高的信息不对称程度会进一步增加投资者对创新活动信息收集的难度和成本，导致企业价值对创新相关信息的敏感性提高，表现为企业价值波动增加。第二，从资金供给的角度而言，信息不对称的存在会引起内外部融资成本的差异（Myers 和 Majluf，1984）。信息不对称程度越高的企业面临的外部融资成本越高，企业受到融资约束的可能性越大（Fazzari 等，1988）。因此，融资约束程度的提高会增加企业创新投资对现金流的依赖性（屈文洲等，2011），进而放大企业价值波动。第三，从公司治理出发，较高的信息不对称为管理者从事机会主义行为创造了空间，导致企业的代理问题加剧，经营风险上升，影响企业经营绩效的稳定性，此时提高信息透明度则有利于分散创新不确定性可能带来的企业价值波动。由此可知，与多元化经营相反，信息不对称程度的提高会增加创新投入对企业价值波动的影响，进而削弱创新投入对违约风险的抑制作用。

本章分别以多元化经营和信息不对称衡量创新投入对企业价值波动的边际贡献，并以样本年度中位数为临界值，将样本分为两组，采用模型（5-31）进行分组回归，结果分别见表 5-7 和表 5-8。从表 5-7 可以看到，无论以哪一种方式对企业多元化程度进行衡量，企业创新投入与违约风险之间的负相关关系均只在多元化程度较高组中显著，而在多元化程度较低组中不显著。类似地，在表 5-8 中，以三种不同方法对企业信息不对称程度进行衡量，在信息不对称程度较低组中，企业创新投入的回归系数显著为负；在信息不对称程度较高组中，企业创新投入的回归系数则不显著。由此可知，多元化程度越高，信息不对称程度越低，创新投入对企业价值波动的影响越小，此时创新投入对违约风险的抑制作用越强，对推论 2 进行了验证。

表 5-7　企业创新投入与违约风险——推论 2 检验（多元化经营）

被解释变量	*EDP*					
	*Diversity*1		*Diversity*2		*Diversity*3	
	多元化程度高	多元化程度低	多元化程度高	多元化程度低	多元化程度高	多元化程度低
	(1)	(2)	(3)	(4)	(5)	(6)
RD	−0.567*** (−2.65)	−0.324 (−1.56)	−0.726*** (−3.02)	−0.218 (−1.17)	−0.723*** (−3.00)	−0.234 (−1.26)
Size	0.008* (1.71)	−0.001 (−0.25)	0.008* (1.71)	0.000 (0.10)	0.007 (1.52)	0.001 (0.20)

续表

被解释变量	EDP					
	*Diversity*1		*Diversity*2		*Diversity*3	
	多元化程度高	多元化程度低	多元化程度高	多元化程度低	多元化程度高	多元化程度低
	(1)	(2)	(3)	(4)	(5)	(6)
Lev	0.052*** (13.33)	0.058*** (7.25)	0.052*** (12.12)	0.056*** (8.55)	0.052*** (12.27)	0.057*** (8.63)
ROE	−0.172*** (−3.36)	−0.002 (−0.03)	−0.169*** (−3.02)	−0.044 (−0.61)	−0.162*** (−2.88)	−0.049 (−0.68)
Growth	0.005 (0.77)	−0.002 (−0.20)	0.008 (1.16)	−0.002 (−0.20)	0.008 (1.12)	−0.002 (−0.22)
Fcf	−0.046 (−1.01)	−0.183*** (−2.86)	−0.058 (−1.12)	−0.145*** (−2.62)	−0.065 (−1.27)	−0.139** (−2.51)
Loss	−0.025** (−1.98)	0.005 (0.27)	−0.025* (−1.69)	−0.001 (−0.06)	−0.024 (−1.61)	−0.003 (−0.14)
Liquidity	−0.085*** (−3.77)	−0.045 (−1.64)	−0.073*** (−2.96)	−0.069*** (−2.86)	−0.075*** (−3.05)	−0.070*** (−2.89)
Tangibility	0.025 (0.89)	0.100*** (2.75)	0.046 (1.50)	0.064** (1.97)	0.045 (1.47)	0.062* (1.93)
Cent	0.120*** (3.69)	0.123*** (3.60)	0.131*** (3.57)	0.116*** (3.88)	0.133*** (3.66)	0.113*** (3.78)
Balance	0.020*** (3.61)	0.019*** (2.72)	0.023*** (3.57)	0.017*** (2.90)	0.022*** (3.48)	0.017*** (2.92)
IndDir	0.040 (0.75)	−0.011 (−0.19)	0.066 (1.13)	−0.035 (−0.67)	0.071 (1.22)	−0.033 (−0.62)
Age	−0.018*** (−3.13)	−0.011 (−1.34)	−0.017*** (−2.63)	−0.015** (−1.97)	−0.016** (−2.56)	−0.015** (−1.98)
SOE	0.020*** (2.77)	−0.004 (−0.41)	0.020** (2.56)	0.003 (0.31)	0.018** (2.37)	0.002 (0.30)
Constant	−0.318*** (−2.94)	−0.190 (−1.45)	−0.359*** (−3.10)	−0.175 (−1.45)	−0.340*** (−2.97)	−0.181 (−1.50)
Year	已控制	已控制	已控制	已控制	已控制	已控制
Industry	已控制	已控制	已控制	已控制	已控制	已控制
N	4379	2793	3587	3524	3612	3546
Pseudo R^2	1.932	5.380	1.894	3.793	1.957	3.571

表 5-8　企业创新投入与违约风险——推论 2 检验（信息不对称）

被解释变量	EDP					
	*Infor_ Asymmetry*1		*Infor_ Asymmetry*2		*Infor_ Asymmetry*3	
	信息不对称程度高	信息不对称程度低	信息不对称程度高	信息不对称程度低	信息不对称程度高	信息不对称程度低
	(1)	(2)	(3)	(4)	(5)	(6)
RD	-0.274 (-1.31)	-0.433** (-2.28)	-0.244 (-1.21)	-0.507** (-2.24)	-0.189 (-1.10)	-0.741*** (-3.04)
Size	0.010* (1.68)	0.003 (0.69)	0.007 (1.22)	0.001 (0.10)	-0.009* (-1.81)	0.003 (0.57)
Lev	0.066*** (12.37)	0.064*** (10.26)	0.078*** (13.35)	0.064*** (9.36)	0.046*** (8.10)	0.058*** (12.16)
ROE	-0.112 (-1.41)	-0.243*** (-3.58)	-0.501*** (-4.90)	-0.138 (-1.46)	-0.153*** (-3.53)	-0.027 (-0.40)
Growth	-0.008 (-0.89)	0.006 (0.70)	0.004 (0.42)	0.005 (0.54)	0.007 (1.03)	0.001 (0.12)
Fcf	-0.057 (-1.08)	-0.057 (-0.99)	0.058 (1.06)	-0.174*** (-2.66)	-0.055 (-1.27)	-0.157*** (-2.61)
Loss	-0.008 (-0.54)	-0.102*** (-2.90)	-0.026* (-1.72)	-0.031 (-1.03)	-0.029** (-2.40)	0.003 (0.17)
Liquidity	-0.063** (-2.29)	-0.078** (-2.57)	-0.028 (-1.01)	-0.096*** (-3.01)	-0.071*** (-3.15)	-0.054* (-1.90)
Tangibility	0.058* (1.86)	0.003 (0.09)	0.024 (0.76)	0.044 (1.10)	0.006 (0.24)	0.091*** (2.64)
Cent	0.117*** (3.40)	0.097*** (2.80)	0.127*** (3.62)	0.094*** (2.58)	0.217*** (5.99)	0.096*** (2.81)
Balance	0.023*** (3.41)	0.018*** (2.73)	0.027*** (3.96)	0.015** (2.16)	0.033*** (5.01)	0.017*** (2.65)
IndDir	-0.006 (-0.10)	0.018 (0.32)	0.042 (0.69)	-0.012 (-0.18)	0.016 (0.32)	0.034 (0.54)
Age	-0.020*** (-2.73)	-0.006 (-1.01)	-0.016** (-2.01)	-0.015** (-2.00)	-0.013** (-2.01)	-0.017** (-2.42)
SOE	0.005 (0.58)	0.013 (1.64)	0.003 (0.36)	0.013 (1.47)	0.002 (0.28)	0.018** (2.52)
Constant	-0.403*** (-2.78)	-0.314*** (-2.69)	-0.379*** (-2.61)	-0.216* (-1.67)	0.033 (0.29)	-0.286** (-2.17)
Year	已控制	已控制	已控制	已控制	已控制	已控制

续表

被解释变量	EDP					
	*Infor_ Asymmetry*1		*Infor_ Asymmetry*2		*Infor_ Asymmetry*3	
	信息不对称程度高	信息不对称程度低	信息不对称程度高	信息不对称程度低	信息不对称程度高	信息不对称程度低
	(1)	(2)	(3)	(4)	(5)	(6)
Industry	已控制	已控制	已控制	已控制	已控制	已控制
N	3411	3406	3174	3169	3744	3739
Pseudo R^2	3. 101	1. 729	3. 482	1. 331	18. 63	1. 761

第六节　稳健性检验

一、内生性检验：引入外生冲击

由于本章的研究结论可能受到内生性问题的影响，因此本章尝试引入我国各地区的“人才引进政策”作为外生冲击进行实证检验。为贯彻落实党中央关于加大人才引进、构建高素质人才团队的号召，各省份相继出台了一系列条件优越的人才引进政策。这些人才引进政策的发布对企业而言是外生的，但是一方面，人才引进政策能够为企业开展创新活动、吸引创新人才奠定良好的政策基础，包括创新人才的落户、良好的薪酬待遇等多方面优惠；另一方面，人才引进政策增加了当地创新人才的供给，有利于鼓励企业增加创新投入，促进创新成果转化。与此同时，人才引进政策的出台与企业违约风险之间不存在显著的逻辑关系，符合外生冲击的假定条件。

人才引进政策的信息主要来源于中国各省份的人才资源和社会保障局网站，以及省政府办公厅网站，并且通过百度等主流搜索引擎进行交叉验证和补充。本章将人才引进政策首次正式发布的时点作为该省份人才引进的起始点，将全部样本按照该省份是否已经实施人才引进计划进行分组回归，回归结果见表5-9。第（1）列、第（2）列只放入企业创新投入的一次项（RD），可以看到，企业创新投入（RD）的回归系数始终显著，在人才引进计划实施前后无显著差异；第（3）列、第（4）列同时放入企业创新投入的一次项（RD）和二次项（RD^2），由表中结果可知，一次项（RD）依然在两组中同时显著，但二次项（RD^2）仅在人才引进计划实施前的样本中显著，即企业创新投入与违约风险之间的U型关系仅存在于人才引进计划实施之前。进一步，从U型关系的阈值来看，人才引进计划实施之前，企业创新投入与违约风险之间关系的阈值为0.042［=2.851/(2×33.893)］，人才引进计划实施之后，二者之间关系的阈值变为0.071［=0.945/(2×6.658)］，由此可知，企业创新投入与违约风险之间的U型关系在人才引进计划实施之后消失的原因是最优阈值变大，导致样本均处于U型关系的左侧，因而表现为违约风险随着企业创新投入单调递减的线性关系。

由以上分析可知，人才引进政策能够为企业创新提供物质资本和人力资本的双重基础，使企业创新成功的概率大大提升，从而有利于减少违约风险。具体而言，人才引进政策为企业的创新活动提供了良好的外部环境，体现在融资便利、税收减免等诸多方面，由此为企业创新奠定了坚实的物质基础；同时，人才引进能够为企业输送大量优质的高素质人才，有利于企业提高创新转化效率，减少创新失败的风险。此外，从资本市场来看，人才引进政策能够向市场传递企业创新的正向信号，投资者对企业价值的估值也会有所上升，这些都会降低由创新不确定性引起的债务违约风险。因此，在人才引进政策实施之后，企业创新对违约风险的降低作用更加显著，“收益效应”占据主导地位，符合国家推动人才强国战略，建设创新型国家的目标。

表5-9 内生性检验：引入外生冲击回归结果

被解释变量	*EDP*			
	人才引进计划前	人才引进计划后	人才引进计划前	人才引进计划后
	(1)	(2)	(3)	(4)
RD^2			33.893*** (2.74)	6.658 (1.40)
RD	−0.807** (−2.01)	−0.467*** (−2.91)	−2.851*** (−3.13)	−0.945** (−2.32)

续表

被解释变量	EDP			
	人才引进计划前	人才引进计划后	人才引进计划前	人才引进计划后
	(1)	(2)	(3)	(4)
Size	0.005 (0.52)	0.006 (1.64)	0.004 (0.38)	0.006 (1.59)
Lev	0.056*** (5.13)	0.053*** (13.45)	0.055*** (5.08)	0.053*** (13.40)
ROE	−0.144 (−1.37)	−0.081* (−1.67)	−0.138 (−1.33)	−0.080* (−1.66)
Growth	−0.009 (−0.56)	0.007 (1.07)	−0.010 (−0.67)	0.007 (1.09)
Fcf	−0.101 (−1.08)	−0.111*** (−2.67)	−0.076 (−0.81)	−0.110*** (−2.66)
Loss	−0.039 (−1.50)	−0.003 (−0.22)	−0.038 (−1.48)	−0.003 (−0.25)
Liquidity	−0.194*** (−3.22)	−0.053*** (−2.86)	−0.184*** (−3.08)	−0.050*** (−2.64)
Tangibility	−0.035 (−0.58)	0.068*** (2.81)	−0.030 (−0.49)	0.070*** (2.89)
Cent	0.072 (1.06)	0.120*** (4.62)	0.064 (0.96)	0.119*** (4.59)
Balance	0.009 (0.69)	0.021*** (4.41)	0.008 (0.65)	0.020*** (4.37)
IndDir	0.096 (0.79)	0.026 (0.60)	0.096 (0.78)	0.025 (0.57)
Age	−0.004 (−0.31)	−0.016*** (−3.10)	−0.007 (−0.61)	−0.016*** (−3.16)
SOE	0.006 (0.49)	0.013** (2.17)	0.008 (0.66)	0.013** (2.17)
Constant	−0.206 (−0.90)	−0.262*** (−3.08)	−0.166 (−0.71)	−0.257*** (−3.03)
Year	已控制	已控制	已控制	已控制
Industry	已控制	已控制	已控制	已控制
N	1090	6393	1090	6393
Pseudo R^2	1.635	2.440	1.654	2.443

二、内生性检验：2SLS 回归

本章主要研究企业创新对违约风险的影响，但是违约风险高的企业可能由于更具冒险精神而进行较多的创新投入，或者可能为了规避风险而减少企业的创新投入。为了解决反向因果的问题，本章采用两阶段最小二乘法进行内生性检验。本章选取企业所在地区的失业率（*Unemployment*）以及企业所在行业是否属于高新技术产业[①]（*Ins_Hightech*）作为工具变量。从相关性来看，地区失业率越高，创新能力越弱，从而导致所在地区企业进行创新投入的意愿较低；高新技术企业主要从事前沿先进技术及其产品的研究开发，包括生物技术、信息技术、新材料技术等领域，属于知识密集型产业，因而这类行业中的企业通常具有较高的创新意愿。从外生性来看，地区失业率不会对单个企业的违约风险产生影响，同时由于企业违约风险取决于资产价值和债务价值的相对大小，而高新技术产业具有高风险、高回报的双重特征，因此高新技术产业与企业违约风险之间也不存在明显的逻辑关系。

表 5-10 列示了 2SLS 的回归结果。第一阶段，分别将两个工具变量对企业创新投入的二次项（RD^2）和一次项（*RD*）进行回归，可以看到，地区失业率与企业创新负相关，而企业是否属于高新技术产业与企业创新正相关，符合现实情境；第二阶段，将企业创新投入一次项和二次项的拟合值对违约风险进行回归，在控制内生性问题后，U 型关系依然成立，与前文结论保持一致。

此外，本章进一步对工具变量法进行了相关检验，以确保实证结果的严谨性。关于回归是否存在内生性的检验（Wald test of exogeneity），在 1%的水平上拒绝了原假设，说明原来的回归方法的确可能存在由于内生性导致的估计偏误，采用 IV 回归是十分必要的。由于被解释变量为截尾变量，

① 高新技术产业依据《国家重点支持的高新技术领域》确定。

因此本章采用 ivtobit 回归。关于工具变量选择的合理性，我们进行了弱工具变量检验（Weak instrument tests），根据检验结果可以看到，AR test 和 Wald test 分别在 1%的水平上拒绝了原假设，也就是说，本章所选择的工具变量不存在弱工具变量问题，具有较好的解释力。以上检验说明本章的实证结果是真实、可信的。

表 5-10　内生性检验：2SLS 回归结果

被解释变量	RD^2	RD	EDP
	(1)	(2)	(3)
$\widehat{RD}^2$			124.248*** (2.71)
$\widehat{RD}$			−10.642*** (−3.44)
Unemployment	−0.020*** (−10.20)	−0.250***	(−10.28)
Ins_Hightech	0.000*** (3.47)	0.004*** (7.35)	
Size	0.000 (1.47)	−0.000 (−0.29)	0.001 (0.27)
Lev	−0.000*** (−3.70)	−0.001*** (−7.98)	0.045*** (14.87)
ROE	0.001*** (3.13)	0.012*** (4.72)	−0.051* (−1.74)
Growth	−0.000 (−0.66)	−0.000 (−0.62)	0.005 (1.03)
Fcf	0.002*** (8.45)	0.031*** (10.25)	−0.047 (−1.11)
Loss	0.000*** (3.46)	0.003*** (3.27)	−0.010 (−1.15)
Liquidity	0.001*** (7.98)	0.019*** (13.19)	0.010 (0.34)
Tangibility	−0.000 (−0.06)	0.006*** (3.34)	0.101*** (3.88)
Cent	−0.000* (−1.88)	−0.005*** (−2.70)	0.095*** (4.41)

续表

被解释变量	RD^2	RD	EDP
	(1)	(2)	(3)
Balance	0.000* (1.91)	0.000 (0.96)	0.015*** (3.51)
IndDir	0.000 (0.81)	0.001 (0.18)	0.021 (0.56)
Age	-0.000 (-0.40)	-0.002*** (-4.11)	-0.028*** (-4.92)
SOE	0.000* (1.81)	0.001** (2.28)	0.014*** (2.82)
Constant	-0.000 (-0.92)	0.006 (0.99)	-0.173** (-2.09)
Year	已控制	已控制	已控制
Industry	已控制	已控制	已控制
N	7450	7450	7450
Adj. R^2	0.2042	0.2994	
Pseudo R^2			2.186
Wald test of exogeneity			
chi2 (2) /p-value	11.41 (0.0033)		
Weak instrument tests			
AR test [chi2 (2) /p-value]	15.75 (0.0004)		
Wald test [chi2 (2) /p-value]	14.15 (0.0008)		

三、内生性检验：Heckman 两阶段回归

为了避免存在样本选择偏差的可能，本章进一步采用 Heckman 两阶段回归对主要假设进行检验。第一阶段，以样本当年中位数定义企业创新的虚拟变量（*RD_Dum*）作为被解释变量进行 Probit 回归。模型中采用企业所在地区专利申请数量的自然对数（*Patent_ Region*）以及企业所在地区高铁线路的开通数量（*LineNum*）作为企业创新虚拟变量的排除性约束变量。模型中还控制了其他可能对企业创新存在影响的因素，包括企业规模、企业杠杆、盈利能力、企业成长性、现金流量、是否盈利、资产流动性、债

务担保能力、股权集中度、股权制衡度、董事会独立性、企业成熟度以及产权性质。第二阶段，在模型（5-29）的基础上加入逆米尔斯比率（*IMR*）重新进行回归。

回归结果见表5-11，第（1）列中排除性约束变量 *Patent_Region* 和 *LineNum* 的回归系数均在1%的水平上显著为正，说明专利申请数量较多的地区具有相对完善的创新环境，有利于增强企业的创新意愿，同时地区开通高铁有利于资源、要素、人才等的流动，能够为企业创新提供坚实的基础保证，符合排除性约束变量的选择条件。由第（2）列回归结果可知，在控制样本选择偏差后，企业创新的二次项（RD^2）显著为正，一次项（*RD*）显著为负，本章的主要结论保持不变。

表5-11　内生性检验：Heckman两阶段回归结果

被解释变量	*RD_Dum*	*EDP*
	(1)	(2)
RD^2		11.619*** (2.62)
RD		-1.371*** (-3.67)
IMR		-0.064*** (-3.19)
Patent_Region	0.091*** (7.20)	
LineNum	0.067*** (7.22)	
Size	-0.039* (-1.67)	0.006* (1.84)
Lev	-0.136*** (-7.58)	0.060*** (14.38)
ROE	1.375*** (5.67)	-0.160*** (-3.29)
Growth	-0.049 (-1.12)	0.006 (1.06)
Fcf	2.331*** (8.36)	-0.200*** (-4.26)

续表

被解释变量	*RD_Dum*	*EDP*
	(1)	(2)
Loss	0.191*** (2.62)	-0.018 (-1.51)
Liquidity	1.790*** (12.59)	-0.143*** (-4.71)
Tangibility	0.884*** (5.06)	0.018 (0.70)
Cent	-0.423** (-2.42)	0.133*** (5.14)
Balance	0.007 (0.19)	0.018*** (4.13)
IndDir	-0.332 (-1.09)	0.043 (1.01)
Age	-0.162*** (-4.76)	-0.008 (-1.58)
SOE	0.084** (2.01)	0.010* (1.76)
Constant	-1.731*** (-2.98)	-0.187** (-2.12)
Year	已控制	已控制
Industry	已控制	已控制
N	7477	7477
Pseudo R^2	0.182	2.202

四、更换企业创新的衡量方法

为了保证研究结论的稳健性，本章更换企业创新的衡量方法重新进行上述回归。其一，参考鲁桐和党印（2014）以及孟庆斌和师倩（2017）的做法，以企业当年研发支出与营业收入的比值（*RD_R*）衡量企业创新投入；其二，He 和 Tian（2013）、Fang 等（2014）、黎文靖和郑曼妮（2016）指出，与专利授予年份相比，专利申请年份更能反映企业创新产出的实际时间。因此，本章借鉴 He 和 Tian（2013）、黎文靖和郑曼妮（2016）的做法，采用企业专利申请量加 1 取自然对数（*Patent*1）衡量企业的创新产出；其三，由于专利包括外观设计、实用新型和发明三类，其中发明专利的原创性最高，更能体现企业创新能力的高低（Jiang 和 Yuan，2018）。因此，本章借鉴 Fang 等（2017）、Jiang 和 Yuan（2018）的做法，进一步采用发明专利申请量加 1 取自然对数（*Patent*2）衡量企业的创新质量，以此进行稳健性检验，回归结果见表 5-12。可以看到，无论采用哪种方法对企业创新进行测度，企业创新与违约风险之间的 U 型关系都始终成立，与前文的研究结论保持一致。

表 5-12 更换企业创新的衡量方法

被解释变量	*EDP*					
	(1)	(2)	(3)	(4)	(5)	(6)
RD_R^2	5.491*** (8.35)	1.741*** (2.63)				
RD_R	-1.834*** (-14.06)	-0.730*** (-5.14)				
$Patent1^2$			0.005*** (7.08)	0.002*** (3.40)		
$Patent1$			-0.021*** (-5.94)	-0.008** (-2.35)		
$Patent2^2$					0.006*** (5.50)	0.002** (2.35)
$Patent2$					-0.019*** (-4.52)	-0.007* (-1.75)
Size		0.005** (1.98)		0.002 (0.53)		0.003 (0.98)
Lev		0.052*** (27.09)		0.054*** (28.93)		0.055*** (29.00)
ROE		-0.109*** (-4.11)		-0.101*** (-3.81)		-0.100*** (-3.78)
Growth		0.003 (0.62)		0.006 (1.12)		0.005 (0.99)

续表

被解释变量	EDP					
	(1)	(2)	(3)	(4)	(5)	(6)
Fcf		−0.124*** (−3.72)		−0.127*** (−3.82)		−0.125*** (−3.75)
Loss		−0.010 (−1.18)		−0.010 (−1.25)		−0.011 (−1.27)
Liquidity		−0.078*** (−4.77)		−0.086*** (−5.26)		−0.085*** (−5.17)
Tangibility		0.038* (1.88)		0.046** (2.30)		0.048** (2.35)
Cent		0.107*** (5.19)		0.117*** (5.69)		0.117*** (5.71)
Balance		0.019*** (4.59)		0.019*** (4.59)		0.019*** (4.61)
IndDir		0.040 (1.11)		0.030 (0.84)		0.031 (0.84)
Age		−0.018*** (−4.39)		−0.014*** (−3.41)		−0.014*** (−3.39)
SOE		0.012** (2.34)		0.011** (2.18)		0.011** (2.22)
Constant	−0.005 (−1.26)	−0.274*** (−4.19)	−0.049*** (−12.58)	−0.198*** (−2.87)	−0.052*** (−15.10)	−0.230*** (−3.32)
Year	未控制	已控制	未控制	已控制	未控制	已控制
Industry	未控制	已控制	未控制	已控制	未控制	已控制
N	7483	7483	7483	7483	7483	7483
Pseudo R^2	0.263	2.204	0.0460	2.176	0.0284	2.168

五、更换违约风险的衡量方法

借鉴 Altman（1968）、Favara 等（2017）的做法，本章采用 *Zscore* 指数衡量企业违约风险，进行稳健性检验。其计算公式为：*Zscore*＝0.012×营运资金/资产总额+0.014×留存收益/资产总额+0.033×息税前利润/资产总额+0.006×总市值/负债账面价值+0.999×销售收入/资产总额。*Zscore* 值越大，代表企业的违约风险越小。本章定义违约风险的虚拟变量 *Zscore_Dum*，将样本按年度等分为 5 组，值最小的一组取值为 1，否则取值为 0。以 *Zscore_Dum* 为被解释变量，采用 Logit 回归重新对模型（5-29）进行检验，回归结果见表 5-13。从表 5-13 可以看到，无论是否控制其他因素的影响，企业创新的二次项（RD^2）显著为正，一次项（*RD*）显著为负，前文的研究结论保持稳健。

表 5-13　更换违约风险的衡量方法

被解释变量	*Zscore_Dum*	
	(1)	(2)
RD^2	1.237*** (7.54)	1.185*** (7.01)
RD	-2.003*** (-13.77)	-2.064*** (-11.33)
Size		0.036 (0.42)
Lev		-0.135** (-2.02)
ROE		-0.241*** (-3.60)
Growth		-0.233*** (-4.37)
Fcf		-0.391*** (-6.89)
Loss		-0.016 (-0.09)
Liquidity		-0.869*** (-10.06)
Tangibility		-0.594*** (-7.19)
Cent		-0.175* (-1.89)
Balance		0.059 (0.69)
IndDir		0.082 (1.50)

续表

被解释变量	*Zscore_Dum*	
	(1)	(2)
Age		-0.227*** (-2.60)
SOE		-0.237 (-1.38)
Constant	-2.224*** (-31.76)	-3.378*** (-5.42)
Year	未控制	已控制
Industry	未控制	已控制
N	7483	7460
Pseudo R^2	0.116	0.277

注：为统一量纲，本章对此表中的连续变量进行了标准化处理。

六、违约风险测度的敏感性分析

前文主要借鉴 Bharath 和 Shumway（2008）的方法对违约风险进行计算，将违约临界点定义为短期负债与 0.5 倍长期负债的总和，其中参数的确定以美国历史数据为依据，可能与中国现实情境不符。为此，本章尝试改变违约风险计算中涉及的参数值，以保证数据结果的可靠性。借鉴马若微等（2014）的做法，本章将长期负债对应的参数值依次设定为 0.1，0.2，…，0.9，1，对以此计算得到的违约风险变量重新进行回归，回归结果见表 5-14。限于篇幅，表 5-14 仅报告了参数取值为 0.1、0.3、0.7、0.9 的代表性回归结果。可以看到，参数值的改变并未对本章的研究结论产生影响。

表 5-14 违约风险测度的敏感性分析

被解释变量	*EDP1*		*EDP3*		*EDP7*		*EDP9*	
	(1)	(2)	(3)	(4)	(5)	(6)	(7)	(8)
RD^2	23.999*** (5.42)	6.744* (1.71)	27.933*** (5.82)	8.257* (1.96)	35.415*** (6.37)	11.637** (2.45)	38.575*** (6.52)	13.014*** (2.60)
RD	-2.848*** (-7.77)	-0.886*** (-2.64)	-3.281*** (-8.28)	-1.044*** (-2.93)	-4.095*** (-8.92)	-1.382*** (-3.46)	-4.463*** (-9.16)	-1.539*** (-3.66)

续表

被解释变量	EDP1		EDP3		EDP7		EDP9	
	(1)	(2)	(3)	(4)	(5)	(6)	(7)	(8)
Size		0.001 (0.47)		0.003 (1.00)		0.006 (1.57)		0.007* (1.84)
Lev		0.046*** (14.15)		0.050*** (14.46)		0.057*** (15.00)		0.060*** (15.12)
ROE		−0.079* (−1.95)		−0.089** (−2.07)		−0.103** (−2.16)		−0.114** (−2.31)
Growth		0.005 (0.96)		0.005 (0.82)		0.004 (0.73)		0.005 (0.72)
Fcf		−0.093*** (−2.72)		−0.098*** (−2.69)		−0.117*** (−2.87)		−0.118*** (−2.80)
Loss		−0.009 (−0.87)		−0.010 (−0.93)		−0.011 (−0.91)		−0.013 (−1.02)
Liquidity		−0.041** (−2.47)		−0.054*** (−3.01)		−0.085*** (−3.98)		−0.098*** (−4.34)
Tangibility		0.049** (2.32)		0.053** (2.36)		0.057** (2.24)		0.059** (2.19)
Cent		0.110*** (5.01)		0.112*** (4.82)		0.118*** (4.49)		0.119*** (4.33)
Balance		0.017*** (4.07)		0.018*** (4.13)		0.019*** (4.05)		0.020*** (3.97)
IndDir		0.024 (0.65)		0.027 (0.70)		0.041 (0.90)		0.052 (1.08)
Age		−0.012*** (−2.81)		−0.014*** (−2.97)		−0.016*** (−3.15)		−0.017*** (−3.17)
SOE		0.009* (1.74)		0.010*	(1.93)	0.015** (2.44)		0.016*** (2.63)
Constant	−0.015*** (−3.44)	−0.196*** (−2.66)	−0.010** (−2.22)	−0.243*** (−3.05)	−0.002 (−0.47)	−0.307*** (−3.38)	0.002 (0.31)	−0.342*** (−3.60)
Year	未控制	已控制	未控制	已控制	未控制	已控制	未控制	已控制
Industry	未控制	已控制	未控制	已控制	未控制	已控制	未控制	已控制
N	7483	7483	7483	7483	7483	7483	7483	7483
Pseudo R^2	0.577	7.727	0.265	3.234	0.142	1.558	0.125	1.302

续表

被解释变量	*EDP*1		*EDP*3		*EDP*7		*EDP*9	
	(1)	(2)	(3)	(4)	(5)	(6)	(7)	(8)
Size		0.001		0.003		0.006		0.007*
		(0.47)		(1.00)		(1.57)		(1.84)
Lev		0.046***		0.050***		0.057***		0.060***
		(14.15)		(14.46)		(15.00)		(15.12)
ROE		-0.079*		-0.089**		-0.103**		-0.114**
		(-1.95)		(-2.07)		(-2.16)		(-2.31)
Growth		0.005		0.005		0.004		0.005
		(0.96)		(0.82)		(0.73)		(0.72)
Fcf		-0.093***		-0.098***		-0.117***		-0.118***
		(-2.72)		(-2.69)		(-2.87)		(-2.80)
Loss		-0.009		-0.010		-0.011		-0.013
		(-0.87)		(-0.93)		(-0.91)		(-1.02)
Liquidity		-0.041**		-0.054***		-0.085***		-0.098***
		(-2.47)		(-3.01)		(-3.98)		(-4.34)
Tangibility		0.049**		0.053**		0.057**		0.059**
		(2.32)		(2.36)		(2.24)		(2.19)
Cent		0.110***		0.112***		0.118***		0.119***
		(5.01)		(4.82)		(4.49)		(4.33)
Balance		0.017***		0.018***		0.019***		0.020***
		(4.07)		(4.13)		(4.05)		(3.97)
IndDir		0.024		0.027		0.041		0.052
		(0.65)		(0.70)		(0.90)		(1.08)
Age		-0.012***		-0.014***		-0.016***		-0.017***
		(-2.81)		(-2.97)		(-3.15)		(-3.17)
SOE		0.009*		0.010*		0.015**		0.016***
		(1.74)			(1.93)	(2.44)		(2.63)
Constant	-0.015***	-0.196***	-0.010**	-0.243***	-0.002	-0.307***	0.002	-0.342***
	(-3.44)	(-2.66)	(-2.22)	(-3.05)	(-0.47)	(-3.38)	(0.31)	(-3.60)
Year	未控制	已控制	未控制	已控制	未控制	已控制	未控制	已控制
Industry	未控制	已控制	未控制	已控制	未控制	已控制	未控制	已控制
N	7483	7483	7483	7483	7483	7483	7483	7483
Pseudo R^2	0.577	7.727	0.265	3.234	0.142	1.558	0.125	1.302

七、考虑研发转化效率的影响

如前所述，研发转化效率是决定企业研发支出最终表现为“收益效应”还是“风险效应”的关键因素之一。研发转化效率越高，单位研发支出能够创造的收益越大，企业发生违约的可能性越低。为了排除这一因素可能对本章研究结论产生的影响，我们将研发转化效率变量引入模型（5-29），重新进行检验，回归结果见表 5-15。可以看到，在考虑研发转化效率的影响后，企业创新与违约风险之间的 U 型关系依然成立，说明本章的研究结论并未受到研发转化效率的影响。

表 5-15　考虑研发转化效率的影响

被解释变量	*EDP*	
	(1)	(2)
RD^2	35.967*** (6.31)	10.670** (2.31)
RD	-4.031*** (-8.07)	-1.293*** (-3.29)
RD_Efficiency	0.000 (0.31)	-0.000 (-0.63)
Size		0.005 (1.39)
Lev		0.053*** (14.84)
ROE		-0.095** (-2.11)
Growth		0.004 (0.73)
Fcf		-0.108*** (-2.83)
Loss		-0.010 (-0.87)
Liquidity		-0.069*** (-3.52)
Tangibility		0.054** (2.26)

续表

被解释变量	EDP	
	(1)	(2)
Cent		0.115*** (4.71)
Balance		0.019*** (4.18)
IndDir		0.033 (0.79)
Age		-0.015*** (-3.10)
SOE		0.012** (2.19)
Constant	-0.083*** (-4.28)	-0.279*** (-3.31)
Year	未控制	已控制
Industry	未控制	已控制
N	7483	7483
Pseudo R^2	1.134	2.182

第七节 本章小结

本章以 2007—2015 年我国沪深两市 A 股上市公司为研究样本，结合期权定价理论与财务理论，通过理论建模与实证分析综合考察了企业创新对违约风险的影响。研究结论表明：

第一，企业创新与违约风险之间表现为 U 型关系。具体而言，企业创新对违约风险存在“收益效应”和“风险效应”两种作用机制，在达到最优阈值之前，“收益效应”占据主导地位，企业创新投入的增加有利于降低违约风险；但是在超过最优阈值之后，“风险效应”占据主导地位，违约风险将随着企业创新投入的增加而升高。需要说明的是，我国上市公司的创新投入水平普遍较低，仅有约 5%的企业创新投入超过最优阈值，若继续增大会导致企业违约风险上升。

第二，创新投入转化为预期回报比例越高的企业，创新投入对违约风险的抑制作用越强。

第三，创新投入对企业价值波动影响越小的企业，创新投入对违约风险的抑制作用越强。

本章的研究拓展了违约风险影响因素的分析框架，明确了创新活动对企业价值的作用效果，有助于为后续研究提供参考和借鉴。此外，从本章的研究结论中可以得到如下政策启示：

第一，注意居安思危，化解系统性风险，构建完善的风险管理体系。在中国经济转型换挡的背景下，对于风险的有效防控不仅关系到企业的生存和发展，同时对国家的金融、经济安全也具有重要意义。“守住不发生系统性金融风险的底线”不仅需要我国继续建立健全金融监管体系，本章的研究结论还表明，由于目前我国企业的研发投入水平普遍较低，因此锐意进取，加大创新投入力度，不但有助于企业提高产品竞争力，更有利于降低企业违约风险。该结论为我国化解企业风险甚至系统性风险提供了新的思路，从理论上证明了创新是“引领发展的第一动力”这一定位的正确性。

第二，坚持底线思维，为企业创新提供必要的风险预警。通过本章研究发现，创新投入对违约风险的影响并非单调的线性关系，在一定范围内加大创新投入虽有利于企业违约风险的下降，但创新过度可能使违约风险不降反升。因此，企业有必要科学地规划创新投入、制定创新策略，提高创新投入的使用效率，避免反向结果的出现。但是企业自身的认知是有限的，这就凸显了有关部门对企业创新进行科学引导的重要性，一方面为企业的优质创新项目提供良好的政策支持，促进科技成果转化；另一方面及时为企业指出创新可能存在的风险点，警示企业创新过程中不可急进，要放眼长远，避免短期化冲动，追求企业的长远健康发展。

第三，具体问题具体分析，把握企业创新对违约风险影响的个体差异性。本章的研究指出，尽管现阶段从总体上讲企业创新投入的提高能够降低违约风险，但这种效应在不同企业之间是不同的。习近平总书记指出，防范化解重大风险需要坚持“稳定大局、统筹协调、分类施策、精准拆弹”的基本政策。因此，中央和地方政府要积极建立政府与企业之间的互动框架，针对不同类型企业的特点制定措施，不可一概而论。在推行防范风险的各项政策时，注意把握好政策执行的力度和节奏，加强预期引导，使企业在良好的政策环境下积极创新，无后顾之忧。

参考文献

[1] Aboody, D., Lev, B. The Value Relevance of Intangibles: The Case of Software Capitalization [J]. Journal of Accounting Research, 1998, 36: 161-191.

[2] Alchian, A. Corporate Management and Property Rights [J]. Economic Policy and the Regulation of Corporate Securities, Washington: American Enterprise Institute, 1969.

[3] Altman, E. I. Financial Ratios, Discriminant Analysis and the Prediction of Corporate Bankruptcy [J]. Journal of Finance, 1968, 23 (4): 589-609.

[4] Amihud, Y. Illiquidity and Stock Returns: Cross-Section and Time-Series Effects [J]. Journal of Financial Markets, 2002, 5 (1): 31-56.

[5] Anton, J. J., Yao, D. A. The Sale of Ideas: Strategic Disclosure, Property Rights and Contracting [J]. Review of Economic Studies, 2002, 69 (3): 513-531.

[6] Arrow, K. Economic Welfare and the Allocation of Resources for Invention [J]. Princeton University Press, 1962: 609-626.

[7] Bharath, S. T., Shumway, T. Forecasting Default with the Merton Distance to Default Model [J]. Review of Financial Studies, 2008, 21 (3): 1339-1369.

[8] Bhattacharya, S., Ritter, J. R. Innovation and Communication: Signaling with Partial Disclosure [J]. Journal of Financial and Quantitative Analysis, 1980, 15 (4): 853-854.

[9] Black, F., Scholes, M. The Pricing of Options and Corporate Liabilities [J]. Journal of Political Economy, 1973, 81 (3): 637-654.

[10] Brogaard, J., Li, D., Xia, Y. Stock Liquidity and Default Risk [J]. Journal of Financial Economics, 2017, 124 (3): 486-502.

[11] Brown, J. R., Fazzari, S. M., Petersen, B. C. Financing Innovation and Growth: Cash Flow, External Equity and the 1990s R&D Boom [J]. Journal of Finance, 2009, 64 (1): 151-185.

[12] Brown, J. R., Martinsson, G., Petersen, B. C. Law, Stock Markets and Innovation [J]. Journal of Finance, 2013, 68 (4): 1517-1549.

[13] Campbell, T. S., Dietrich, J. K. The Determinants of Default on Insured Conventional Residential Mortgage Loans [J]. Journal of Finance, 1983, 38 (5): 1569-1581.

[14] Chiang, S. M., Chung, H., Huang, C. M. A Note on Board Characteristics, Ownership Structure and Default Risk in Taiwan [J]. Accounting and Finance, 2015, 55 (1): 57-74.

[15] Dhaoui, A., Jouini, F. R&D Investment, Governance and Management Entrenchment in French Companies Listed in SBF250 [J]. Journal of Economic and Social Studies, 2011, 1 (2): 5-32.

[16] Fang, L. H., Lerner, J., Wu, C. Intellectual Property Rights Protection, Ownership and Innovation: Evidence from China [J]. Review of Financial Studies, 2017, 30 (7): 2446-2477.

[17] Fang, V. W., Tian, X., Tice, S. Does Stock Liquidity Enhance or Impede Firm Innovation? [J]. Journal of Finance, 2014, 69 (5): 2085-2125.

[18] Favara, G., Morellec, E., Schroth, E., et al. Debt Enforcement, Investment and Risk Taking across Countries [J]. Journal of Financial Economics, 2017, 123 (1): 22-41.

[19] Fazzari, S. M., Hubbard, R. G., Petersen, B. C. Financing Constraints and Corporate Investment [J]. Brookings Papers on Economic Activity, 1988, 1: 141-206.

[20] Goncharov, I., Zimmermann, J. The Supply of and Demand for Accounting Information [J]. Economics of Transition, 2007, 15 (2): 257-283.

[21] Hall, B. Investment and Research and Development at the Firm Level: Does the Source of Financing Matter? [J]. National Bureau of Economic Research, Inc, 1992.

[22] Hall, B. H. The Financing of Research and Development [J]. Oxford Review of Economic Policy, 2002, 18 (1): 35-51.

[23] He, J. J., Tian, X. The Dark Side of Analyst Coverage: The Case of Innovation [J]. Journal of Financial Economics, 2013, 109 (3): 856-878.

[24] Holmstrom, B. Agency Costs and Innovation [J]. Journal of Economic Behavior and Organization, 1989, 12 (3): 305-327.

[25] Hsu, P. H., Tian, X., Xu, Y. Financial Development and Innovation: Cross-Country Evidence [J]. Journal of Financial Economics, 2014, 112 (1): 116-135.

[26] Hsu, P. H., Lee, H. H., Liu, A. Z., et al. Corporate Innovation, Default Risk and Bond Pricing [J]. Journal of Corporate Finance, 2015, 35 (12): 329-344.

[27] Jiang, X., Yuan, Q. Institutional Investors' Corporate Site Visits

and Corporate Innovation [J]. Journal of Corporate Finance, 2018, 48 (2): 148-168.

[28] Katz, M. L., Shapiro, C. R and D Rivalry with Licensing or Imitation [J]. American Economic Review, 1987, 77 (3): 402-420.

[29] Lev, B., Sougiannis, T. The Capitalization, Amortization and Value-Relevance of R&D [J]. Journal of Accounting and Economics, 1996, 21 (1): 107-138.

[30] Markowitz, H. Portfolio Selection [J]. Journal of Finance, 1952, 7 (1): 77-91.

[31] Merton, R. C. On the Pricing of Corporate Debt: The Risk Structure of Interest Rates [J]. Journal of Finance, 1974, 29 (2): 449-470.

[32] Myers, S. C., Majluf, N. S. Corporate Financing and Investment Decisions when Firms Have Information that Investors Do Not Have [J]. Journal of Financial Economics, 1984, 13 (2): 187-221.

[33] Opler, T. C., Titman, S. Financial Distress and Corporate Performance [J]. Journal of Finance, 1994, 49 (3): 1015-1040.

[34] Porter, M. The Competitive Advantage of Nations [J]. New York: Free Press, 1990.

[35] Rumelt, R. Strategy, Structure and Economic Performance [J]. Boston: Harvard Business School Press, 1974.

[36] Scherer, F. M. Firm Size, Market Structure, Opportunity and the Output of Patented Inventions [J]. American Economic Review, 1965, 55 (5): 1097-1125.

[37] Shepherd, W. G. Market Power and Economic Welfare [M]. New York: Random House, 1970.

[38] Sougiannis, T. The Accounting Based Valuation of Corporate R&D [J]. Accounting Review, 1994, 69 (1): 44-68.

［39］ Stiglitz, J. E., Weiss, A. Credit Rationing in Markets with Imperfect Information ［J］. American Economic Review, 1981, 71 (3): 393-410.

［40］ Ueda, M. Banks versus Venture Capital: Project Evaluation, Screening and Expropriation ［J］. Journal of Finance, 2004, 59 (2): 601-621.

［41］ Williamson, O. E. Markets and Hierarchies: Analysis and Antitrust Implication ［M］. New York: The Free Press, 1975.

［42］ Zeitun, R., Tian, G. G. Does Ownership Affect a Firm's Performance and Default Risk in Jordan? ［J］. Corporate Governance: The International Journal of Business in Society, 2007, 7 (1): 66-82.

［43］ 陈德球，刘经纬，董志勇．社会破产成本、企业债务违约与信贷资金配置效率［J］. 金融研究，2013（11）：68-81.

［44］ 方军雄．我国上市公司信息披露透明度与证券分析师预测［J］. 金融研究，2007（6）：136-148.

［45］ 董雪兵，史晋川．累积创新框架下的知识产权保护研究［J］. 经济研究，2006（5）：97-105.

［46］ 姜付秀．我国上市公司多元化经营的决定因素研究［J］. 管理世界，2006（5）：128-135.

［47］ 李汇东，唐跃军，左晶晶．用自己的钱还是用别人的钱创新：基于中国上市公司融资结构与公司创新的研究［J］. 金融研究，2013（2）：170-183.

［48］ 李莉，闫斌，顾春霞．知识产权保护、信息不对称与高科技企业资本结构［J］. 管理世界，2014（11）：1-9.

［49］ 李文贵，余明桂．民营化企业的股权结构与企业创新［J］. 管理世界，2015（4）：112-125.

［50］ 黎文靖，郑曼妮．实质性创新还是策略性创新：宏观产业政策对微观企业创新的影响［J］. 经济研究，2016（4）：60-73.

［51］ 卢闯，刘俊勇，孙健，杨棉之．控股股东掏空动机与多元化的

盈余波动效应［J］．南开管理评论，2011（5）：68-73.

［52］卢锐．企业创新投资与高管薪酬业绩敏感性［J］．会计研究，2014（10）：36-42.

［53］鲁桐，党印．公司治理与技术创新：分行业比较［J］．经济研究，2014（6）：115-128.

［54］马若微，张微，白宇坤．我国上市公司动态违约概率 KMV 模型改进［J］．系统工程，2014（11）：28-36.

［55］孟庆斌，师倩．宏观经济政策不确定性对企业研发的影响：理论与经验研究［J］．世界经济，2017（9）：75-98.

［56］屈文洲，谢雅璐，叶玉妹．信息不对称、融资约束与投资—现金流敏感性：基于市场微观结构理论的实证研究［J］．经济研究，2011（6）：105-117.

［57］史宇鹏，顾全林．知识产权保护、异质性企业与创新：来自中国制造业的证据［J］．金融研究，2013（8）：136-149.

［58］王福胜，宋海旭．终极控制人、多元化战略与现金持有水平［J］．管理世界，2012（7）：124-136.

［59］王化成，卢闯，李春玲．企业无形资产与未来业绩相关性研究：基于中国资本市场的经验证据［J］．中国软科学，2005（10）：120-124.

［60］王虎城．高新技术企业的机制创新［J］．管理世界，2002（5）：139-141.

［61］王玉涛，王彦超．业绩预告信息对分析师预测行为有影响吗［J］．金融研究，2012（6）：193-206.

［62］吴超鹏，唐药．知识产权保护执法力度、技术创新与企业绩效：来自中国上市公司的证据［J］．经济研究，2016（11）：125-139.

［63］肖虹，曲晓辉．R&D 投资迎合行为：理性迎合渠道与股权融资渠道：基于中国上市公司的经验证据［J］．会计研究，2012（2）：42-49.

［64］解维敏，唐清泉，陆姗姗．政府 R&D 资助，企业 R&D 支出与

自主创新：来自中国上市公司的经验证据［J］. 金融研究，2009（6）：86-99.

［65］许浩然，荆新．社会关系网络与公司债务违约：基于中国A股上市公司的经验证据［J］. 财贸经济，2016（9）：36-52.

［66］尹志超，甘犁．信息不对称、企业异质性与信贷风险［J］. 经济研究，2011（9）：121-132.

［67］张金昌．国际竞争力评价的理论和方法［M］. 北京：经济科学出版社，2002.

［68］张一林，龚强，荣昭．技术创新、股权融资与金融结构转型［J］. 管理世界，2016（11）：65-80.

［69］周开国，应千伟，陈晓娴．媒体关注度、分析师关注度与盈余预测准确度［J］. 金融研究，2014（2）：139-152.

［70］朱江．我国上市公司的多元化战略和经营业绩［J］. 经济研究，1999（11）：54-61.

［71］朱乃平，朱丽，孔玉生，沈阳．技术创新投入、社会责任承担对财务绩效的协同影响研究［J］. 会计研究，2014（2）：57-63.

第六章

执行视角：金融资产配置与企业违约风险

第一节　引言

在中国经济发展进入新常态、贸易与金融全球化不断加深的背景下，传统生产性行业利润率降低、劳动力数量与劳动力资本比率下降等因素造成企业对实体经济的投资热情减弱，股票、债券、各类金融衍生品等金融资产成为企业投资的热点领域。根据中经网统计数据库、上市公司财务报表相关数据整理可知，中国的虚拟经济占国内生产总值的比重从 2007 年的 10.73%上涨到 2016 年的 14.70%，同期中国上市公司持有的金融资产平均规模从 2.55 亿元上升到 7.49 亿元，提高了 193.73%，企业的金融资产投资占比持续增高。

从微观视角来看，企业的金融资产配置存在促进主业发展的“蓄水池效应”和损害主业投资的“逐利效应”两种作用机制。蓄水池效应认为，金融资产能够起到稳定公司收益、降低公司融资成本的作用，有利于提升公司的发展潜力；逐利效应则提出，企业持有过多的金融资产会威胁主营业务、抑制实体投资能力，损害公司长远发展。已有研究关注了金融资产配置对经营业绩（杜勇等，2017）、投资效率（张成思和张步昙，2016；胡奕明等，2017）、创新行为（王红建等，2017）等方面的影响，却忽视了企业金融资产配置所蕴含的代理成本。从股东与管理层关系的视角看，若企业配置金融资产的动机是“蓄水池效应”，则金融资产投资是管理层维持企业稳定发展的战略选择，有利于代理成本的降低；若企业配置金融资产的动机是“逐利效应”，则金融资产投资是管理层短视的一种表现，会加剧股东与管理层之间的冲突，导致代理成本上升。

债务违约是企业运行过程中的重大破坏性事件，不仅对公司本身、上下游产业链产生负面冲击，也会危害地区金融安全，因此如何防范企业的债务风险成为各级地方政府管理部门关注的重点问题。Chiang 等（2015）、Brogaard 等（2017）根据 Bharath 和 Shumway（2008）构造的简化违约概率模型，提出企业的违约风险与资产价值的绝对值和资产价值的波动率密切相关，良好的公司治理机制能够有效缓解公司违约风险。

本章以 2007—2016 年中国 A 股上市公司为研究对象，考察企业金融资产配置与违约风险之间的关系，并将宏观政策环境的变化纳入研究框架。整体来看，金融资产配置对违约风险的冲击呈现“蓄水池效应”，即管理层进行金融资产投资有利于提升公司发展的稳定性，代理成本较低。但是，当货币政策较为宽松时，企业面临的融资约束相对较低，宽松的自由现金流为管理层谋求私人利益提供了便利（Jensen，1986），代理成本较高，金融资产投资对违约风险的降低作用受到抑制。

在中国制度背景下，政府会通过制定行业规划的方法调整国民经济结构。但是，由于企业和政府规制者之间存在信息不对称，政府规制者实施的最优选择政策可能带来不确定的政策效应，管理层的逆向选择会导致企业违约风险产生（王诗雨和陈志红，2018）。基于上述分析，本章进一步讨论产业政策这一典型政府规制手段在金融资产配置与违约风险关系中发挥的调节作用，发现对于产业政策支持行业来说，金融资产配置与违约风险的关系呈现“蓄水池效应”，即政府规制整体上能够帮助企业缓解代理问题。但是，当货币政策较为宽松时，支持性的产业政策加剧了管理层的逆向选择问题，金融资产投资成为引致企业违约风险的重要引擎。此外，本章选用会计信息质量作为上市公司代理成本的衡量变量，发现金融资产配置会通过提升会计稳健性的方式，降低上市公司的违约风险。

相较于以往的研究，本章的贡献主要体现在以下几个方面：首先，从金融资产配置的角度拓展了企业违约风险影响因素的讨论。已有研究讨论了企业集团、社会破产成本、社会关系网络等对企业违约的影响（韩立岩和陈文丽，2006；陈德球等，2013；许浩然和荆新，2016），却尚未对上市公司普遍存在的金融资产配置现象进行关注。本章借鉴 Bharath 和 Shumway（2008）、Brogaard 等（2017）构建的简化违约概率模型，从金融资产配置的角度丰富了企业违约风险的影响因素，有利于揭示中国上市公司风险变动的内在原因，能够为监管部门的政策制定提供理论依据。其次，从代理成本的角度深化了企业金融资产配置动机的讨论。胡奕明等（2017）、杜勇等（2017）实证检验了金融资产配置与实体投资之间的关系，用以验证金融资产配置的“蓄水池动机”和“逐利动机”，却没有关注金融资产配置所引致的代理问题。本章立足中国企业债务风险逐渐暴露的宏观背景，考察了“金融资产配置—代理成本—违约风险”的影响路径，有利于挖掘金融资产配置影响违约风险的内在逻辑，深化对于金融资产配置动机的讨论。最后，从宏观经济政策的角度丰富了金融资产配置与违约风险关系的讨论。作为国家调节经济的重要工具，宏观经济政策会对企业的微观行为构成冲击（饶品贵和姜国华，2013）。在货币政策有效性、产业结构升级日益获得党和政府关注的背景下，本章验证了货币政策、产业政策等对金融资产配置与违约风险之间关系的调节作用，有效拓展了宏观经济政策与微观企业行为的讨论内容，能够为政府提升政策有效性提供经验借鉴。

第二节 理论分析与假设提出

根据 Merton（1974）的研究框架，企业的权益是企业潜在价值的看涨期权，其中行权价格等于企业债务的账面价值，当企业资产的价值低于企业债务的账面价值时，企业发生违约。Bharath 和 Shumway（2008）构建了简化的违约概率模型，对 Merton（1974）提出的期权定价理论进行近似估计，认为企业的资产价值越小、资产价值波动率越大，企业违约风险越高。以简化的违约概率模型为基础，Chiang 等（2015）发现机构投资者和管理层持股较高的企业，违约风险相对较低。Brogaard 等（2017）将研究视角拓展到资本市场投资者，认为较高的股票流动性能够提升股票定价效率、改善公司治理水平，从而降低公司的违约风险，代理成本对违约风险的影响得到证实。中国制度背景下的研究多基于企业的实际违约展开，认为股东和管理层的代理冲突是引致企业违约的重要原因。韩立岩和陈文丽（2006）借鉴病毒传播的规律，通过构建微分方程描述了违约在给定贷款组合内传播的过程，发现企业集团内母子公司之间联结紧密，关系复杂，其中任一企业发生违约，都可能导致集团内其他关联企业发生违约。陈德球等（2013）以企业是否存在逾期违约事件的虚拟变量衡量企业债务违约，通过对 2002—2010 年我国 A 股上市公司数据进行研究，发现社会破产成本会增加企业的贷款违约概率。具体而言，社会成本较高的企业存在更严重的道德风险，银行监督力度的放松进一步使低质量的企业在获得贷款后没有动力进行良好经营，投资效率较低，进而引发贷款违约。许浩然和荆新（2016）基于社会关系网络，研究非正式制度安排对企业债务违约概率的影响，发现由于社会关系网络同时具有隐性担保作用和信息中介作用，因而能够使公司获得更为宽松的债务约束条件，并且在代理成本较小的公司里，社会关系网络对债务违约概率的降低作用更加明显。

自 20 世纪 90 年代中国资本市场创立以来，伴随着中国经济快速发展的东风，上市公司经历了由小到大的快速成长，实体经济收益率保持较高水平，金融资产更多地被视为预防宏观冲击的重要储备，合理的金融资产配置是盘活存量资金、增加流动性的重要手段，有利于稳定公司收益、降低公司融资成本，起到了反哺“主业”的作用，展现出“蓄水池效应”的主要特点，有利于缓解企业代理冲突。胡奕明等（2017）指出，如果一国经济在宏观上体现为以实体经济发展为主，则意味着微观主体的投资行为也将围绕主营业务进行。但是在中国这样一个存在严重“融资约束”的国家，金融资产投资能够起到“节拍器”的作用，有利于企业规避宏观经济波动，调整企业发展节奏。杜勇等（2017）认为，企业保持竞争优势离不开对外部资源的获取，相对于固定资产、无形资产而言，金融资产具有变现快、调整成本低等特点，能够有效帮助企业为实体投资积蓄资金，缓解融资约束。

已有文献证实了代理冲突是决定企业违约风险的重要因素之一，金融资产配置能够通过缓解企业代理冲突降低违约风险。具体而言：第一，金融资产由于灵活性较高，能够显著降低企业面临融资约束和投资不足时的调整成本，发挥预防性储蓄功能（Stulz，1984；Almeida 等，2004；胡奕明等，2017；刘贯春，2017），这就为管理层提供了更多资金配置的工具，有利于管理层在企业经营过程中稳定主业投资，减少了管理层与股东之间由于业绩不佳而产生代理冲突的可能。第二，随着企业金融化水平的提高，公司治理结构也随之发生改变。管理层薪酬水平会更多地受到资本市场股票价格的影响（Orhangazi，2008），此时管理层个人利益与公司发展息息相关，为了向市场传递企业发展良好的信号，管理层会积极参与公司经营，代理问题较小。第三，Jensen（1986）提出的“自由现金流假说”认为，企业内部过多的现金储备将为管理层谋取私人收益创造空间。金融资产投资不仅能够帮助企业更好地把握投资机会，赢得资金收益，同时也大大提高了企业内部的资金利用效率，减少了管理层寻求自身利益最大化的机会。第四，企业持有金融资产，必然会增加资本市场及相关机构对企业的监管（刘贯春等，2018），有利于提高企业的会计信息披露质量，有效降低企业代理成本。基于以上分析可以预期，当金融资产配置呈现“蓄水池效应”时，管理层将以股东财富最大化为经营目的，企业的代理成本相对更低。此时，企业金融资产持有量越多，违约风险越低。基于此，本章提出假设 H1：

假设 H1：企业金融资产持有量越多，违约风险越低，金融资产配置的“蓄水池效应”占据主导地位。

货币政策是政府调节经济发展的重要手段，尤其在 2008 年金融危机之后，货币政策通过调节流动性提升经济安全的作用受到格外重视。基于中国制度背景的研究认为，中国的货币政策会对企业的融资行为、投资行为等产生影响（饶品贵和姜国华，2013）。特别是在中国经济发展进入新常态的背景下，经济发展“脱实向虚”的问题引起了广泛的关注与讨论，如何评估这一时期中国货币政策的效果成为理论界争论的焦点问题。

Demir（2009）指出，实体投资和金融投资中的收益率差异是导致企业固定资产投资下降的主要原因，当金融自由化导致市场不确定性升高时，企业对可转换的短期金融资产偏好更强。Seo 等（2016）讨论了韩国金融市场自由化与韩国实体企业投资之间的关系，发现金融资产投资的增长并没有显著导致企业投资的下滑，但是金融市场自由化的不确定性却是韩国实体企业投资下降的原因。基于中国政策环境的研究发现，实体企业通过金融渠道获利成为中国企业实体投资率下降的重要原因，并弱化了货币政策对实体经济的提振作用（张成思和张步昙，2016）。类似地，杜勇等（2017）也提出实体企业金融资产配置的损害作用随着货币政策的宽松而加剧。

Jensen（1986）从代理成本的角度提出了“自由现金流假说”，认为企业较多的现金储备会成为管理层谋取私人收益的工具。随后，Richardson（2006）验证了 Jensen（1986）的理论，发现自由现金流会引致企业的过度投资问题。在企业自由现金流一定的情况下，金融资产投资能够提高企业闲置资金的利用效率，降低代理成本，但是在货币政策宽松时期，企业获取银行借款的难度较小，管理层能够获取更多的信贷资源支持经营决策。在此背景下，宏观政策环境变化导致企业的现金流大幅增加，金融资产投资对企业资金配置效率的改善作用受到抑制，管理层为了追求短期经济效益，会将冗余资金投向收益高、风险大的金融资产、房地产等项目，不仅危害了企业的主业竞争优势，而且提升了企业的经营风险。可以预期，在货币政策宽松时期，金融资产投资的“逐利效应”展现，股东与管理层的代理冲突加剧。金融资产持有量越多，企业的违约风险越高。基于此，本章提出假设 H2：

假设 H2：宽松的货币政策会抑制金融资产投资对违约风险的降低作

用，金融资产配置的“逐利效应”占据主导地位。

第三节 研究设计

一、数据来源与样本选择

本章以2007—2016年中国沪深两市全部A股上市公司作为初始研究样本讨论企业金融化与违约风险之间的关系。在初始样本的基础上，按照如下原则对数据进行了筛选：①剔除金融行业上市公司样本；②剔除ST上市公司样本；③剔除财务数据存在缺失值的上市公司样本。为了消除极端值的影响，本章对所有连续变量按1%和99%水平进行了Winsorize处理，最终得到16337个企业—年度观测值，全部财务数据来自CSMAR数据库，宏观经济数据来自中经网统计数据库。

二、变量定义

1. 企业违约风险（*EDP*）

Merton（1974）将企业的权益作为企业潜在价值的看涨期权，期权的行权价格等于企业债务的账面价值，当企业资产的价值低于企业债务的账面价值时，企业发生违约。Merton DD模型中违约距离的计算公式为

$$DD=\frac{\ln(V_A/D)+(\mu-\sigma_A^2/2)T}{\sigma_A\sqrt{T}} \tag{6-1}$$

式中，V_A 为企业资产的价值；D 为债务的账面价值；μ 为企业资产价值的期望回报率；σ_A 为企业资产价值变化的波动率；T 为看涨期权的期限。

为了对企业的违约风险进行估计，本章参照Bharath和Shumway（2008）、Brogaard等（2017）的方法采用简化违约概率（Naïve Default Probability），对Merton（1974）提出的期权定价理论进行近似估计。Bharath和

Shumway（2008）在研究中指出，简化违约概率比根据 Merton DD 模型计算出的违约概率实际值表现更好。

在保证能够捕捉与 Merton DD 模型相同信息含量的情况下，Bharath 和 Shumway（2008）计算简化违约概率的过程如下：

首先，假定企业债务的市场价值等于其账面价值：

$$naïveV_D = D \tag{6-2}$$

式中，债务的账面价值 D 为短期负债与 0.5 倍长期负债的加和。

由于企业债务的风险与权益的风险高度相关，因此采用权益的波动率对企业债务的波动率进行近似估计：

$$naïve\sigma_D = 0.05 + 0.25 \times \sigma_E \tag{6-3}$$

式中，0.05 表示企业债务的结构性波动；0.25 表示与违约风险相关的波动。

其次，结合式（6-2）和式（6-3），我们可以得到企业价值总波动率的近似估计：

$$\begin{aligned} naïve\sigma_V &= \frac{V_E}{V_E + naïveV_D}\sigma_E + \frac{naïveV_D}{V_E + naïveV_D} naïve\sigma_D \\ &= \frac{V_E}{V_E + D}\sigma_E + \frac{D}{V_E + D}(0.05 + 0.25 \times \sigma_E) \end{aligned} \tag{6-4}$$

再次，假定企业资产的预期回报率等于企业前一年的股票回报率：

$$naïve\mu = r_{i,t-1} \tag{6-5}$$

进一步，类比 Merton DD 模型中违约距离的计算公式（6-1），可以得到简化的违约距离：

$$naïveDD = \frac{\ln\left(\frac{V_E + D}{D}\right) + (r_{i,t-1} - 0.5naïve\sigma_V^2)T}{naïve\sigma_V\sqrt{T}} \tag{6-6}$$

具体计算时，通常将期权的到期时间 T 设定为 1 年。

最后，对式（6-6）的计算结果求累积标准正态分布，可得简化违约概率：

$$\pi naïve = N(-naïveDD) \tag{6-7}$$

本章将参照 Bharath 和 Shumway（2008）的方法计算得到的简化违约概率 $\pi naïve$ 作为企业预期违约风险的衡量指标，记为 *EDP*（Expected Default Probability）。*EDP* 值服从正态分布，取值范围为 0～1，*EDP* 值越大，代表企业的违约风险越大。

2. 金融资产配置（*Fin_G*）

传统对金融资产的界定包括交易性金融资产、衍生金融资产、可供出售金融资产、持有至到期投资、投资性房地产、对金融机构的长期股权投资等会计科目（彭俞超等，2018）。为了准确界定企业的金融化水平，本章在从财务报表提取交易性金融资产、衍生金融资产、可供出售金融资产、持有至到期投资、投资性房地产等 5 个会计科目的基础上，还从财务报表附注中识别、筛选出了企业对金融机构的长期股权投资①。借鉴彭俞超等（2018）的衡量方法，本章对企业持有的金融资产规模取自然对数，并采用相邻两个年度企业金融资产规模的一阶差分作为企业金融资产配置的度量变量②，记为 *Fin_G*。

3. 货币政策（*MP*）

借鉴陆正飞和杨德明（2011）、邓路等（2016）的界定，本章用 *M2-GDP-CPI* 来估算货币政策（*MP*），如果 *MP* 大于中位数，定义为货币政策宽松时期，赋值为 1；如果 *MP* 小于中位数，则定义为货币政策紧缩时期，赋值为 0。

三、模型设定

综合考虑违约风险（*EDP*）的分布特征，本章采用 Tobit 回归模型讨论企业金融资产配置对违约风险的影响，具体模型设定如下：

---

① 本章将上市公司持有商业银行、证券公司、基金公司、金融租赁公司、保险公司、信托投资公司、信用合作社、财务公司和理财公司等金融机构的股权，也视为企业的金融资产。

② 彭俞超等（2018）指出，企业金融化趋势体现了企业持有的金融资产不断上升的趋势，因此金融资产的增长率更能反映企业金融化的速度。本章采用金融资产自然对数的一阶差分来衡量企业金融资产配置，并在稳健性检验中，采用企业金融资产与总资产的比值来验证主要结论。

$$Tobit(EDP_{i,t}) = \alpha_1 Fin\_G_{i,t} + \alpha_2 SOE_{i,t} + \alpha_3 Size_{i,t} + \alpha_4 CFO_{i,t} + \alpha_5 ROA_{i,t} + \alpha_6 LEV_{i,t} + \alpha_7 Wedge_{i,t} + \alpha_8 Top1_{i,t} + \alpha_9 MAN_{i,t} + \sum \alpha_i Year + \sum \alpha_i Industry + \varepsilon_{i,t} \tag{6-8}$$

参考已有相关文献，本章选择产权性质（*SOE*）、公司规模（*Size*）、经营现金流（*CFO*）、总资产收益率（*ROA*）、资产负债率（*LEV*）、两权分离度（*Wedge*）、第一大股东持股比例（*Top*1）、管理层持股比例（*MAN*）等作为控制变量。此外，本章还控制了年度效应和行业效应。各变量的具体定义如表 6-1 所示。

表 6-1　变量定义

变量符号	变量名称	计算方法
EDP	预期违约风险	采用简化违约概率对 Merton DD 模型进行近似估计
Fin_G	金融资产配置	本年与上年金融资产自然对数之差
SOE	产权性质	终极控制人为国有企业取 1，否则为 0
Size	公司规模	公司总资产的自然对数
CFO	经营现金流	公司经营现金流与总资产的比值
ROA	总资产收益率	公司净利润与资产总额的比值
LEV	资产负债率	公司负债总额与资产总额的比值
Wedge	两权分离度	公司控制权与所有权之差
*Top*1	第一大股东持股比例	公司第一大股东持股数占总股本的比例
MAN	管理层持股比例	公司管理层持股总数占总股本的比例

第四节　实证结果

一、描述性统计

表 6-2 是模型主要变量的描述性统计。其中，违约风险（*EDP*）的均

值和最大值分别为 0. 0209 和 0. 8839，标准差为 0. 1173，超过 75%的企业违约风险较小（近似于 0），样本分布存在一定的截尾特征，本章采用 Tobit 模型进行回归的设定比较合理。由 *EDP* 的描述性统计可知，中国上市公司的违约风险总体上基本可控，但是个别公司的违约风险较高，需要引起监管层和投资者的警觉。企业金融资产配置（*Fin_G*）的均值和中位数分别为 1. 5025 和 0，标准差为 5. 5658，说明不同上市公司的金融资产投资存在较大差异，超过 25%的企业在样本区间内金融资产规模有所上涨。此外，描述性统计还包括产权性质、公司规模、经营现金流、总资产收益率、资产负债率、两权分离度、第一大股东持股比例和管理层持股比例等控制变量。

表 6-2　描述性统计

变量	样本数	均值	标准差	最小值	25 分位数	中位数	75 分位数	最大值
EDP	16337	0. 0209	0. 1173	0. 0000	0. 0000	0. 0000	0. 0000	0. 8839
Fin_G	16337	1. 5025	5. 5658	-15. 7631	-0. 0252	0. 0000	0. 5530	19. 1709
SOE	16337	0. 4752	0. 4994	0. 0000	0. 0000	0. 0000	1. 0000	1. 0000
Size	16337	22. 0081	1. 2515	19. 3409	21. 1234	21. 8563	22. 7250	25. 8104
CFO	16337	0. 0447	0. 0754	-0. 1929	0. 0041	0. 0437	0. 0880	0. 2610
ROA	16337	0. 0371	0. 0523	-0. 1657	0. 0122	0. 0330	0. 0617	0. 1967
LEV	16337	0. 4623	0. 2066	0. 0557	0. 3027	0. 4650	0. 6232	0. 8967
Wedge	16337	0. 0545	0. 0791	0. 0000	0. 0000	0. 0000	0. 1019	0. 2912
*Top*1	16337	0. 3532	0. 1501	0. 0909	0. 2325	0. 3333	0. 4573	0. 7500
MAN	16337	0. 0865	0. 1691	0. 0000	0. 0000	0. 0002	0. 0580	0. 6551

表 6-3 为模型主要变量的相关性分析，违约风险和金融资产配置的相关性系数为-0. 0263，其他变量之间的相关性也较小，说明模型整体设定比较合理。

表 6-3　相关性分析

变量	*EDP*	*Fin_G*	*SOE*	*Size*	*CFO*	*ROA*	*LEV*	*Wedge*	*Top*1	*MAN*
EDP	1									
Fin_G	-0. 0263	1								
SOE	0. 0895	-0. 0545	1							

续表

变量	*EDP*	*Fin_G*	*SOE*	*Size*	*CFO*	*ROA*	*LEV*	*Wedge*	*Top*1	*MAN*
Size	0.2094	-0.0274	0.2949	1						
CFO	-0.0251	0.0152	0.0272	0.0343	1					
ROA	-0.0845	0.0217	-0.0965	0.0433	0.3565	1				
LEV	0.2173	-0.0381	0.2757	0.4108	-0.1505	-0.3414	1			
Wedge	0.0077	-0.0174	-0.1342	0.0297	0.0380	0.0387	0.0566	1		
*Top*1	0.1026	-0.0081	0.2209	0.2676	0.0777	0.1018	0.0752	0.1415	1	
MAN	-0.0563	0.0659	-0.4677	-0.216	-0.0209	0.1180	-0.3171	-0.2516	-0.1186	1

二、回归分析

1. 货币政策、金融资产配置与违约风险

表6-4列示了金融资产配置与违约风险的回归结果。由第（1）列可知，企业金融资产持有量越多，违约风险越低（*Fin_G* 的系数为-0.0007，在5%的水平上显著为负），证实了假设H1，说明中国上市公司的金融资产配置整体上呈现“蓄水池效应”，较高的金融资产投资能够帮助管理层维持企业稳定发展，企业代理成本较低，有利于缓解企业的违约风险。控制变量中，产权性质（*SOE*）、资产负债率（*LEV*）、第一大股东持股比例（*Top*1）和管理层持股比例（*MAN*）的系数均显著为正，说明产权性质为国有、资产负债率高、第一大股东持股比例和管理层持股比例高时，企业会面临更高的违约风险。公司规模（*Size*）、总资产收益率（*ROA*）的系数为负，说明公司规模越大、总资产收益率越高，企业的违约风险越小。其他控制变量，包括经营现金流（*CFO*）、两权分离度（*Wedge*）等与违约风险的相关性不显著。

货币政策是政府调节经济的重要手段，会对企业的投融资行为产生影响。一般来说，宽松的货币政策会促使商业银行信贷供给量上升，企业的融资约束、融资成本相对下降。本章进一步将货币政策纳入讨论，观察宏观经济政策对企业金融资产配置与违约风险关系的调节效应。表 6-4 中的第（2）列、第（3）列显示了货币政策、金融资产配置与违约风险的回归结果。第（2）列将货币政策（*MP*）引入模型，其系数为-0.0170，在 1%的水平上显著，说明宽松的货币政策会降低公司的违约风险。第（3）列进一步引入金融资产配置与货币政策的交乘项（*Fin_G×MP*），回归结果显示 *Fin_G×MP* 的系数为 0.0027，在 1%的水平上显著为正，表明宽松的货币政策会抑制金融资产配置对违约风险的降低作用，金融资产配置的“逐利效应”更加明显，验证了假设 H2。综合表 6-4 第（2）列、第（3）列的结果可知，在货币政策宽松时期，过多自由现金流所引致的代理冲突值得重视，如何采用合理有效的方式监督管理层的短视投资行为，是国家制定宏观经济政策时需要重点关注的方面。

表 6-4　货币政策、金融资产配置与违约风险

被解释变量	*EDP*		
	(1)	(2)	(3)
Fin_G	-0.0007** (-2.38)	-0.0007** (-2.38)	-0.0019*** (-5.02)
MP		-0.0170*** (-3.27)	-0.0270*** (-4.82)
Fin_G×MP			0.0027*** (4.35)
SOE	0.0123** (2.54)	0.0123** (2.54)	0.0123** (2.55)
Size	-0.0075*** (-6.17)	-0.0075*** (-6.17)	-0.0071*** (-5.92)
CFO	0.0121 (0.53)	0.0121 (0.53)	0.0112 (0.49)
ROA	-0.3857*** (-9.66)	-0.3857*** (-9.66)	-0.3859*** (-9.67)
LEV	0.3882*** (23.38)	0.3882*** (23.38)	0.3884*** (23.42)
Wedge	-0.0085 (-0.31)	-0.0085 (-0.31)	-0.0101 (-0.37)

续表

被解释变量	*EDP*		
	(1)	(2)	(3)
*Top*1	0.1132*** (7.41)	0.1132*** (7.41)	0.1115*** (7.33)
MAN	0.0657*** (5.43)	0.0657*** (5.43)	0.0648*** (5.36)
Year	已控制	已控制	已控制
Industry	已控制	已控制	已控制
N	16337	16337	16337
Pseudo R^2	1.0588	1.0588	1.0614

2. 金融资产配置与违约风险：基于产业政策的分组

在中国制度背景下，政府会通过制定行业发展规划的方式调整经济结构，规制企业行为（祝继高等，2015）。但是由于信息不对称情况的存在，政府规制者执行行业发展规划的结果面临不确定性，管理者可能凭借私有信息逃避政府监管，道德风险和逆向选择问题严重（王诗雨和陈志红，2018）。

本章借鉴祝继高等（2015）的界定方法，采用“五年规划”中关于行业发展的规划来衡量产业政策，研究范围涵盖“十一五”“十二五”“十三五”期间。依据《中共中央关于制定国民经济和社会发展第十一个五年规划的建议》《中共中央关于制定国民经济和社会发展第十二个五年规划的建议》《中共中央关于制定国民经济和社会发展第十三个五年规划的建议》的规定，将上市公司所属行业分为产业政策重点支持和明确鼓励发展的行业，以及非产业政策重点支持和明确鼓励发展的行业。

表 6-5 将全部样本按照是否得到产业政策支持进行了划分。对比第（1）列和第（2）列可以发现，当公司所处行业得到国家政策支持时，企业持有的金融资产越多，违约风险越低［第（1）列中的 *Fin_G* 在 5%的水平上显著为负，第（2）列中的 *Fin_G* 不显著］。可以相信，政府规制能够缓解企业的代理问题，得到产业政策支持的上市公司的金融资产投资有效降低了公司的违约风险，金融资产配置的“蓄水池效应”占据主导地位。

第（3）列和第（4）列进一步分析了宽松的货币政策对金融资产配置与违约风险之间关系的调节作用是否存在产业差异。当公司所处行业受到国家产业政策支持时，宽松的货币政策会抑制企业金融资产投资对违约风险的降低作用（*Fin_G×MP* 的系数为 0.0037，在 1%的水平上显著为正）；当公司所处行业不受国家产业政策支持时，企业金融资产配置与货币政策的交乘项不显著。针对上述结果的一个合理解释是：在货币政策宽松时期，得到政府产业政策支持的企业更易于得到银行信贷的支持，较高的自由现金流成为激化上市公司股东和管理层代理冲突的加速器（Jensen，1986），最终导致企业的违约风险上升；相对而言，未得到政府产业政策支持的企业，在货币政策宽松时期所获得的银行信贷相对较少，自由现金流所引致的代理冲突并不明显，因此宽松的货币政策对企业违约风险的正向作用不显著。

表 6-5 金融资产配置与违约风险：基于产业政策的分组

被解释变量	*EDP*			
	产业政策支持	产业政策不支持	产业政策支持	产业政策不支持
	(1)	(2)	(3)	(4)
Fin_G	-0.0008** (-1.98)	-0.0003 (-0.68)	-0.0024*** (-4.52)	-0.0003 (-0.67)
MP			-0.0286*** (-3.61)	-0.0474*** (-5.64)
Fin_G×MP			0.0037*** (4.07)	0.0001 (0.15)
SOE	0.0196*** (2.87)	-0.0082 (-1.35)	0.0189*** (2.78)	-0.0082 (-1.35)
Size	-0.0114*** (-9.91)	0.0404*** (10.92)	-0.0108*** (-9.54)	0.0404*** (10.92)
CFO	0.0164 (0.50)	-0.0179 (-0.64)	0.0153 (0.46)	-0.0180 (-0.64)
ROA	-0.3395*** (-6.10)	-0.5832*** (-9.61)	-0.3400*** (-6.12)	-0.5831*** (-9.60)
LEV	0.4370*** (18.45)	0.2448*** (13.90)	0.4374*** (18.49)	0.2449*** (13.90)
Wedge	-0.0312 (-0.80)	0.0052 (0.15)	-0.0343 (-0.88)	0.0051 (0.15)

续表

被解释变量	*EDP*			
	产业政策支持	产业政策不支持	产业政策支持	产业政策不支持
	(1)	(2)	(3)	(4)
*Top*1	0.1093*** (5.45)	0.0981*** (5.22)	0.1070*** (5.35)	0.0980*** (5.23)
MAN	0.0875*** (5.38)	0.0668*** (3.85)	0.0854*** (5.27)	0.0668*** (3.85)
Year	已控制	已控制	已控制	已控制
Industry	已控制	已控制	已控制	已控制
N	9535	6802	9535	6802
Pseudo R^2	0.9368	1.6105	0.9404	1.6105

3. 中介效应检验：会计稳健性

会计信息是外部投资者评估企业价值的重要依据，作为资本市场关注的焦点，会计稳健性的提高能够缓解管理者和投资者之间的信息不对称程度，减少公司的无谓损失，是会计信息质量较高的表现（LaFond 和 Watts，2008）。Liang 和 Wen（2007）进一步提出高质量的会计信息意味着公司的代理成本较低。

本章基于中国上市公司的检验，认为金融资产配置与违约风险之间存在着“金融资产配置—代理成本—违约风险”的影响路径，若金融资产配置体现为较低的代理成本，则企业的违约风险将会降低。为了验证上述路径的正确性，我们选取会计稳健性（*C-Score*）作为代理成本的衡量变量，参考温忠麟等（2004）提出的中介效应检验程序，对这一路径进行检验。

$$C-Score = \gamma_0 + \gamma_1 Fin\_G_{i,t} + \gamma_2 SOE_{i,t} + \gamma_3 Size_{i,t} + \gamma_4 CFO_{i,t} + \gamma_5 ROA_{i,t} + \gamma_6 LEV_{i,t} + \gamma_7 Wedge_{i,t} + \gamma_8 Top1_{i,t} + \gamma_9 MAN_{i,t} + \sum \gamma_i Year + \sum \gamma_i Industry + \varepsilon_{i,t} \tag{6-9A}$$

$$Tobit(EDP_{i,t}) = \lambda_1 Fin\_G_{i,t} + \lambda_2 C-Score_{i,t} + \lambda_3 SOE_{i,t} + \lambda_4 Size_{i,t} + \lambda_5 CFO_{i,t} + \lambda_6 ROA_{i,t} + \lambda_7 LEV_{i,t} + \lambda_8 Wedge_{i,t} + \lambda_9 Top1_{i,t} +$$

$$\lambda_{10}MAN_{i,t} + \sum \alpha_i Year + \sum \alpha_i Industry + \varepsilon_{i,t}$$

(6-9B)

表 6-6 列示了会计稳健性的中介效应检验结果。第（1）列的结果表明，企业持有金融资产显著提升了企业的会计稳健性（*Fin_G* 的系数为 0.0009，在 10%的水平上显著为正）。第（2）列将会计稳健性纳入金融资产配置与违约风险的回归模型，发现会计稳健性（*C-Score*）的系数为-0.0346，在 1%的水平上显著小于 0，证实了会计稳健性的提升有助于降低企业违约风险的观点。*Fin_G* 的系数为-0.0006［大于表 6-4 的第（1）列主回归中 *Fin_G* 的系数-0.0007］，在 5%的水平上显著，说明会计稳健性是企业金融化与违约风险之间的部分中介因子。

表 6-6 会计稳健性的中介效应检验

被解释变量	*C-Score*	*EDP*
	(1)	(2)
Fin_G	0.0009* (1.65)	-0.0006** (-2.27)
C-Score		-0.0346*** (-6.28)
SOE	0.0029 (0.41)	0.0125*** (2.58)
Size	0.0104** (2.48)	-0.0070*** (-5.81)
CFO	0.1162* (1.81)	0.0139 (0.61)
ROA	-0.4527*** (-3.95)	-0.4057*** (-10.09)
LEV	0.1495*** (5.48)	0.3920*** (23.23)
Wedge	0.0421 (1.11)	-0.0070 (-0.26)
Top1	0.0203 (1.08)	0.1139*** (7.48)
MAN	-0.0819*** (-3.63)	0.0619*** (5.11)
Constant	-0.0226 (-0.29)	

续表

被解释变量	*C-Score*	*EDP*
	(1)	(2)
Year	已控制	已控制
Industry	已控制	已控制
N	16337	16337
Adj. R^2	0. 2597	
Pseudo R^2		1. 0704
Sobel Z	1. 7306*	

第五节　稳健性检验

一、内生性检验：工具变量法

本章主要研究金融资产配置对违约风险的影响，但是也存在反向因果的可能，即违约风险会影响企业的金融资产投资。为了解决可能存在的内生性问题，本章采用工具变量法对主要结论进行稳健性验证。

应该说，地区社会发展程度与企业金融资产持有水平存在一定的关系，当企业所在地区的社会文化、经济水平较高时，企业能够拥有的社会、经济资源更多，能够更灵活地进行金融资产配置；另外，单个企业的违约风险难以对地区社会发展程度构成影响。基于此，本章选取地区卫生人员数量（*Health*）、城市绿地面积（*Green*）、全社会固定资产投资（*Soc_Fixed*）等 3 个变量作为工具变量，采取两阶段最小二乘法（2*SLS*）进行分析。

第一阶段，本章分别检验 *Health*、*Green*、*Soc_Fixed* 与企业金融资产配置之间的关系，并基于主成分分析将 3 个地区社会发展程度变量合并成一个主要的工具变量（*Factor*），得到金融资产配置的估计值。第二阶段，将金融资产配置的估计值与企业违约风险变量进行回归，回归结果如表 6-7 所示。实证结果与本章主要结论一致，企业金融资产持有水平越高，则违约风险越低。

表 6-7 内生性检验：工具变量法

被解释变量	Fin_G	EDP	Fin_G	EDP	Fin_G	EDP	Fin_G	EDP
	(1)	(2)	(3)	(4)	(5)	(6)	(7)	(8)
Health	0.1311*** (2.66)							
Green			0.0774** (2.24)					
Soc_Fixed					0.0996** (2.19)			
Factor							0.0705*** (2.63)	
Fin_G_hat		-0.1759*** (-18.84)		-0.1818*** (-19.23)		-0.1791*** (-18.80)		-0.1752*** (-18.81)
SOE	-0.4390*** (-5.87)	-0.0818*** (-13.06)	-0.4386*** (-5.86)	-0.0851*** (-13.47)	-0.4401*** (-5.87)	-0.0836*** (-13.24)	-0.4355*** (-5.81)	-0.0816*** (-12.97)
Size	0.1162*** (3.88)	0.0522*** (16.07)	0.1120*** (3.73)	0.0538*** (16.52)	0.1178*** (3.93)	0.0533*** (16.12)	0.1131*** (3.77)	0.0516*** (16.03)
CFO	1.1262** (2.00)	0.2092*** (8.18)	1.2036** (2.14)	0.2276*** (8.75)	1.1363** (2.02)	0.2123*** (8.26)	1.1902** (2.11)	0.2191*** (8.45)
ROA	-0.9969 (-1.16)	-0.6981*** (-15.37)	-0.9945 (-1.15)	-0.7124*** (-15.61)	-0.9767 (-1.14)	-0.7030*** (-15.39)	-1.0024 (-1.16)	-0.7006*** (-15.38)
LEV	-0.6029*** (-2.85)	0.2149*** (15.55)	-0.5450** (-2.57)	0.2145*** (15.73)	-0.6095*** (-2.87)	0.2120*** (15.40)	-0.5614*** (-2.65)	0.2211*** (16.05)

续表

被解释变量	*Fin_G*	*EDP*	*Fin_G*	*EDP*	*Fin_G*	*EDP*	*Fin_G*	*EDP*
	(1)	(2)	(3)	(4)	(5)	(6)	(7)	(8)
Wedge	-0.7244* (-1.76)	-0.1192*** (-4.66)	-0.7412* (-1.80)	-0.1228*** (-4.81)	-0.7483* (-1.82)	-0.1221*** (-4.80)	-0.7409* (-1.80)	-0.1188*** (-4.63)
*Top*1	0.2675 (1.23)	0.1305*** (9.44)	0.2632 (1.21)	0.1303*** (9.50)	0.2700 (1.25)	0.1307*** (9.45)	0.2648 (1.22)	0.1292*** (9.34)
MAN	1.5635*** (6.13)	0.3881*** (18.50)	1.5697*** (6.16)	0.3993*** (18.84)	1.5766*** (6.19)	0.3938*** (18.51)	1.5642*** (6.13)	0.3874*** (18.47)
Constant	3.6878*** (4.23)		5.2087*** (8.08)		2.5997* (1.90)		3.6454*** (4.07)	
Year	已控制	已控制	已控制	已控制	已控制	已控制	已控制	已控制
Industry	已控制	已控制	已控制	已控制	已控制	已控制	已控制	已控制
N	16215	16215	16176	16176	16215	16215	16176	16176
Adj. R^2	0.1236		0.1223		0.1236		0.1223	
Pseudo R^2		1.1958		1.2004		1.1976		1.1941

二、内生性检验：考虑遗漏变量

参照之前的研究（Giesecke 等，2011；Goyal 和 Wang，2013；Brogaard 等，2017），股票流动性、股票回报率等企业层面的特征变量也会对违约风险产生影响。因此，本章进一步考虑遗漏变量的问题，在主回归模型中添加了股票回报率（*Return*）和股票流动性（*Illiquidity*）两个控制变量，回归结果如表 6-8 所示，主要结论依然保持稳健。

表 6-8 内生性检验：考虑遗漏变量

被解释变量	*EDP*
	(1)
Fin_G	-0.0007** (-2.47)
SOE	0.0139*** (2.83)
Size	-0.0083*** (-6.47)
CFO	0.0105 (0.46)
ROA	-0.3959*** (-9.88)
LEV	0.3871*** (23.12)
Wedge	-0.0091 (-0.33)
*Top*1	0.1122*** (7.23)
MAN	0.0614*** (5.00)
Return	0.0127*** (4.09)
Illiquidity	0.0224 (1.12)
Year	已控制
Industry	已控制
N	16327
Pseudo R^2	1.0618

三、金融危机、金融资产配置与违约风险

2008 年金融危机席卷全球，中国经济也受到严重冲击。为了应对经济下滑趋势，中国于 2009 年实施了总额高达 4 万亿元的经济刺激计划，在宽松货币政策的指引下，中国的广义货币供应量余额（M2）从 2008 年底的 47.52 万亿元急速蹿升到 2010 年底的 72.59 万亿元，同比增长 52.76%。因此，本章将金融危机期间宽松货币政策的实施纳入讨论范畴，采用 2007—2010 年的数据进行了稳健性检验，并以金融危机爆发为节点，引入了金融危机变量（*After*）、金融危机与金融资产配置的交乘项（$After \times Fin\_G$）。若年份为 2009、2010，则 *After* 赋值为 1，认为是金融危机爆发之后；若年份为 2007、2008，则 *After* 赋值为 0，认为是金融危机爆发之前。表 6-9 列示了金融危机、金融资产配置与违约风险的回归结果，$After \times Fin\_G$ 的系数为 0.0035，在 10%的水平上显著为正，与表 6-4 的实证结果一致，模型结论保持稳健。

表 6-9　金融危机、金融资产配置与违约风险

被解释变量	*EDP*
	(1)
After	−0.3084*** (−18.76)
Fin_G	−0.0016*** (−3.13)
After ×*Fin_G*	0.0035* (1.90)
SOE	0.0150* (1.72)
Size	−0.0094*** (−4.86)
CFO	0.0305 (0.65)
ROA	−0.1858*** (−2.68)

续表

被解释变量	*EDP*
	(1)
LEV	0.4060*** (14.30)
Wedge	0.0244 (0.50)
*Top*1	0.1704*** (5.55)
MAN	0.0764 (1.60)
Year	已控制
Industry	已控制
N	4545
Pseudo R^2	0.8188

四、金融资产配置的敏感性测试

借鉴胡奕明等（2017）、王红建等（2017）的方法，本章分别选用金融资产占总资产的比值（*FinA*）、企业期末持有金融资产的自然对数（*LN_Fin*）等作为金融资产配置的衡量变量，对金融资产配置与违约风险的关系进行稳健性检验。由表6-10的回归结果可知，第（1）列和第（2）列中，金融资产配置与违约风险的回归系数分别为-0.1033和-0.0026，分别在1%和5%的水平上显著为负，主要研究结论保持不变。

表6-10　金融资产配置的敏感性测试

被解释变量	*EDP*	
	(1)	(2)
FinA	-0.1033*** (-4.00)	
LN_Fin		-0.0026** (-2.15)
SOE	0.0124** (2.57)	0.0115** (2.19)

续表

被解释变量	EDP	
	(1)	(2)
Size	-0.0073*** (-6.06)	-0.0051*** (-2.78)
CFO	0.0057 (0.25)	0.0130 (0.51)
ROA	-0.3830*** (-9.62)	-0.3970*** (-8.52)
LEV	0.3822*** (23.25)	0.3946*** (20.99)
Wedge	-0.0097 (-0.35)	-0.0414 (-1.31)
*Top*1	0.1107*** (7.31)	0.1140*** (6.54)
MAN	0.0579*** (4.78)	0.0531*** (3.48)
Year	已控制	已控制
Industry	已控制	已控制
N	16337	12276
Pseudo R^2	1.0608	1.0703

五、企业违约风险的敏感性测试

首先，传统的违约风险计算主要依据美国公司的历史数据模拟确定临界点。为了提升本章结论的稳健性，我们分别将负债的账面价值设定为短期负债加上 0.1、0.3、0.7、0.9 倍的长期负债，并计算企业的违约风险，以验证主要结论的稳健性。由表 6-11 中第（1）列~第（4）列的回归结果可知，改变违约风险计算的临界点之后，金融资产配置与违约风险之间的负相关关系依然存在，说明结论的稳健性较好。

表 6-11 企业违约风险参数设定的敏感性测试

被解释变量	*EDP*1	*EDP*3	*EDP*7	*EDP*9
	(1)	(2)	(3)	(4)
Fin_G	-0.0006** (-2.19)	-0.0006** (-2.20)	-0.0008** (-2.57)	-0.0009*** (-2.90)
SOE	0.0091** (2.11)	0.0105** (2.27)	0.0141*** (2.77)	0.0158*** (2.98)
Size	-0.0070*** (-6.94)	-0.0073*** (-6.51)	-0.0076*** (-5.84)	-0.0076*** (-5.53)
CFO	0.0144 (0.71)	0.0175 (0.80)	0.0083 (0.35)	0.0038 (0.15)
ROA	-0.3208*** (-9.16)	-0.3570*** (-9.46)	-0.4139*** (-9.77)	-0.4389*** (-9.91)
LEV	0.3324*** (22.04)	0.3636*** (22.74)	0.4132*** (23.95)	0.4322*** (24.41)
Wedge	-0.0046 (-0.19)	-0.0069 (-0.26)	-0.0137 (-0.47)	-0.0170 (-0.56)
*Top*1	0.1061*** (7.90)	0.1106*** (7.68)	0.1160*** (7.21)	0.1179*** (7.04)
MAN	0.0588*** (5.48)	0.0627*** (5.45)	0.0689*** (5.41)	0.0696*** (5.25)
Year	已控制	已控制	已控制	已控制
Industry	已控制	已控制	已控制	已控制
N	16224	16224	16224	16224
Pseudo R^2	1.3815	1.1742	0.9629	0.9006

其次，企业经营不确定性的增加和资产价值的波动还体现为企业的经营风险。基于此，本章借鉴 John 等（2008）的定义，采用每一观测时段内总资产收益率（*ROA*）的标准差对企业的经营风险（*Risk*1、*Risk*2）[①]进行

① $Risk = \sqrt{\frac{1}{N-1}\sum_{n=1}^{N}(Adj\_ROA_{in} - \frac{1}{N}\sum_{n=1}^{N}Adj\_ROA_{in})^2} \mid N = 3$。其中，$Adj\_ROA_{in}$ 分别以息税前利润（*EBIT*）与期末总资产的比值、息税折旧摊销前利润（*EBITDA*）与期末总资产的比值衡量，计算公式为 $Adj\_ROA_{in} = \frac{Profit_{in}}{Assets_{in}} - \frac{1}{X_n}\sum_{k=1}^{X}\frac{Profit_{kn}}{Assets_{kn}}$。式中，$i$ 表示企业；n 表示观测时间段内的年度，取值为 1 ~ 3；X 表示该行业的企业数量；k 表示该行业的第 k 家企业。

度量，并分别以息税前利润（*EBIT*）与期末总资产的比值和息税折旧摊销前利润（*EBITDA*）与期末总资产的比值衡量 *ROA*。表 6-12 列示了相关回归结果，金融资产配置会降低企业的经营风险，与本研究的主要结果保持一致。

表 6-12　稳健性检验：金融资产配置与经营风险

被解释变量	*Risk*1	*Risk*2
	(1)	(2)
Fin_G	-0.0001** (-2.05)	-0.0001* (-1.71)
SOE	-0.0038*** (-3.15)	-0.0039*** (-3.27)
Size	-0.0060*** (-10.96)	-0.0060*** (-11.27)
CFO	0.0177*** (3.19)	0.0187*** (3.45)
ROA	-0.1259*** (-8.34)	-0.1198*** (-8.09)
LEV	0.0092** (2.57)	0.0101*** (2.87)
Wedge	-0.0093 (-1.54)	-0.0091 (-1.53)
*Top*1	-0.0013 (-0.40)	-0.0011 (-0.36)
MAN	-0.0152*** (-4.67)	-0.0154*** (-4.87)
Constant	0.1788*** (15.49)	0.1785*** (15.93)
Year	已控制	已控制
Industry	已控制	已控制
N	11795	11795
Adj. R^2	0.1326	0.1339

六、随机效应的稳健性测试

考虑到可能存在不随时间变化但因个体特征而异的遗漏变量，本章控制个体特征进行稳健性测试。由于本章的被解释变量违约风险（*EDP*）为截尾变量，因此文中采用 Tobit 回归模型考察企业金融资产配置与违约风险之间的关系。对于固定效应的 Tobit 模型，由于找不到个体异质性的充分统计量，故无法像固定效应的 Logit 或者计数模型那样进行条件最大似然估计。如果直接在混合 Tobit 回归中加入面板单位的虚拟变量，所得的固定效应估计量也是不一致的，因此本章仅考虑随机效应对研究结论的影响。表 6-13 列示了随机效应的检验结果，可以看到，企业金融资产配置与违约风险负相关，而宽松的货币政策会抑制金融资产投资对违约风险的降低作用，回归结果与前文主要结论保持一致。

表 6-13　随机效应检验

被解释变量	*EDP*		
	(1)	(2)	(3)
Fin_G	-0.0006* (-1.92)	-0.0006* (-1.92)	-0.0016*** (-4.07)
MP		-0.0107 (-1.47)	-0.0195** (-2.57)
Fin_G×MP			0.0024*** (3.99)
SOE	0.0097** (2.06)	0.0097** (2.06)	0.0097** (2.06)
Size	-0.0071*** (-8.73)	-0.0071*** (-8.73)	-0.0068*** (-8.33)
CFO	-0.0079 (-0.34)	-0.0079 (-0.34)	-0.0086 (-0.37)
ROA	-0.3601*** (-9.75)	-0.3601*** (-9.75)	-0.3597*** (-9.74)
LEV	0.3738*** (32.87)	0.3738*** (32.87)	0.3742*** (32.92)
Wedge	-0.0006 (-0.02)	-0.0006 (-0.02)	-0.0021 (-0.09)
*Top*1	0.1109*** (8.57)	0.1109*** (8.57)	0.1096*** (8.47)
MAN	0.0632*** (4.69)	0.0632*** (4.69)	0.0624*** (4.63)

续表

被解释变量	EDP		
	(1)	(2)	(3)
Year	已控制	已控制	已控制
Industry	已控制	已控制	已控制
N	16337	16337	16337
Wald chi2	4621.21	4621.21	4629.34

七、地区固定效应的稳健性测试

前文仅控制了时间固定效应和行业固定效应，企业所在地区的固有特征也是不可忽视的重要因素。为了避免地区特征等对研究结论产生影响，本章进一步控制地区固定效应进行稳健性测试。表 6-14 列示了地区固定效应的回归结果，根据表中结果可知，控制地区固定效应并未对本章的研究结论产生影响。

表 6-14 地区固定效应检验

被解释变量	EDP		
	(1)	(2)	(3)
Fin_G	-0.0006** (-2.00)	-0.0006** (-2.00)	-0.0018*** (-4.43)
MP		-0.0177** (-2.39)	-0.0277*** (-3.58)
Fin_G×MP			0.0027*** (4.48)
SOE	0.0121*** (2.98)	0.0121*** (2.98)	0.0122*** (2.99)
Size	-0.0062*** (-8.45)	-0.0062*** (-8.45)	-0.0059*** (-7.94)
CFO	0.0034 (0.15)	0.0034 (0.15)	0.0024 (0.10)
ROA	-0.4037*** (-11.25)	-0.4037*** (-11.25)	-0.4037*** (-11.25)
LEV	0.3878*** (37.55)	0.3878*** (37.55)	0.3879*** (37.56)
Wedge	-0.0037 (-0.17)	-0.0037 (-0.17)	-0.0053 (-0.24)

续表

被解释变量	EDP		
	(1)	(2)	(3)
*Top*1	0.1039*** (9.27)	0.1039*** (9.27)	0.1022*** (9.12)
MAN	0.0633*** (5.24)	0.0633*** (5.24)	0.0624*** (5.17)
Year	已控制	已控制	已控制
Industry	已控制	已控制	已控制
Province	已控制	已控制	已控制
N	16226	16226	16226
Pseudo R^2	1.0844	1.0844	1.0871

第六节　本章小结

本章以 2007—2016 年中国 A 股上市公司为研究对象，讨论了金融资产配置对违约风险的影响。研究发现：企业持有的金融资产越多，违约风险越低，金融资产配置的“蓄水池效应”更明显；宽松的货币政策会抑制企业金融资产投资对违约风险的降低作用，金融资产配置的“逐利效应”显现。政府规制也会产生一定的公司治理作用。与产业政策不支持行业相比，当上市公司所处行业受到国家产业政策支持时，金融资产配置对违约风险的降低作用更加显著；但是，政府规制的公司治理作用在货币政策宽松时受到限制，宽松的货币政策会抑制金融资产配置对违约风险的降低作用。进一步研究中，本章证实了会计稳健性的提升是金融资产配置降低违约风险的路径之一。

本章从微观角度解释了中国经济的现实状况，具有重要的理论和现实意义。在理论上，本章拓展了企业金融资产配置动机以及企业违约风险影响因素的讨论范畴，并揭示了金融资产配置影响违约风险的作用机理。在政策启示上，本章的研究结论表明：第一，金融资产作为企业投资的重要方面，是管理层进行资产管理的重要手段，因此适度规模的金融资产投资能够降低公司的代理成本，有利于提升公司价值；第二，应该加强企业持有金融资产的监管力度。在货币政策宽松时期，银行信贷供给量的上升有可能导致企业对金融资产的非理性配置，提升公司的代理成本，最终引致违约风险的上升。为了防止可能存在的经营风险，政府和监管机构应该在货币政策宽松时期着力监管上市公司的资金流向，鼓励银行信贷资金流向实体经济。

在中国经济发展进入新常态的背景下，经济发展脱实向虚问题越发明显，提高金融资源配置效率，引导金融服务实体经济成为中国现阶段的重要任务。特别是在党的十九大报告提出“必须把发展经济的着力点放在实体经济”“增强金融服务实体经济能力”等重要的战略论断后，防范经济运行的系统性风险，促进经济发展“脱虚向实”等引起了广泛的讨论。本章实证讨论了金融资产配置对违约风险的影响，希望研究结论能够为政府部门提高政策执行效率提供经验借鉴，也能够为微观企业采取措施提升企业经营绩效提供有益指导。

参考文献

[1] Almeida, H., Campello, M., Weisbach, M. S. The Cash Flow Sensitivity of Cash [J]. Journal of Finance, 2004, 59 (4): 1777-1804.

[2] Altman, E. I. Financial Ratios, Discriminant Analysis and the Prediction of Corporate Bankruptcy [J]. Journal of Finance, 1968, 23 (4): 589-609.

[3] Bharath, S. T., Shumway, T. Forecasting Default with the Merton Distance to Default Model [J]. Review of Financial Studies, 2008, 21 (3): 1339-1369.

[4] Brogaard, J., Li, D., Xia, Y. Stock Liquidity and Default Risk [J]. Journal of Financial Economics, 2017, 124 (3): 486-502.

[5] Campbell, T. S., Dietrich, J. K. The Determinants of Default on Insured Conventional Residential Mortgage Loans [J]. Journal of Finance, 1983, 38 (5): 1569-1581.

[6] Chan, Y. S., Kanatas, G. Asymmetric Valuations and the Role of Collateral in Loan Agreements [J]. Journal of Money, Credit and Banking, 1985, 17 (1): 84-95.

[7] Chan, Y. S., Thakor, A. V. Collateral and Competitive Equilibria with Moral Hazard and Private Information [J]. Journal of Finance, 1987, 42 (2): 345-363.

[8] Chiang, S. M., Chung, H., Huang, C. M. A Note on Board Characteristics, Ownership Structure and Default Risk in Taiwan [J]. Accounting and Finance, 2015, 55 (1): 57-74.

[9] Demir, F. Financial Liberalization, Private Investment and Portfolio Choice: Financialization of Real Sectors in Emerging Markets [J]. Journal of Development Economics, 2009, 88 (2): 314-324.

[10] Giesecke, K., Longstaff, F. A., Schaefer, S., Strebulaev, I. Corporate Bond Default Risk: A 150-year Perspective [J]. Journal of Financial Economics, 2011, 102 (2): 233-250.

[11] Goyal, V. K., Wang, W. Debt Maturity and Asymmetric Information: Evidence from Default Risk Changes [J]. Journal of Financial and Quantitative Analysis, 2013, 48 (3): 789-817.

[12] Jensen, M, C. Agency Costs of Free Cash Flow, Corporate Finance, and Takeovers [J]. American Economic Review, 1986, 76 (2): 323-329.

[13] Jiménez, G., Saurina, J. Collateral, Type of Lender and Relationship Banking as Determinants of Credit Risk [J]. Journal of Banking and Fi-

nance, 2004, 28 (9): 2191-2212.

[14] John, K., Litov, L., Yeung, B. Corporate Governance and Risk-Taking [J]. Journal of Finance, 2008, 63 (4): 1679-1728.

[15] LaFond, R., Watts, R. L. The Information Role of Conservatism [J]. Accounting Review, 2008, 83 (2): 447-478.

[16] Liang, P. J., Wen, X. Accounting Measurement Basis, Market Mispricing and Firm Investment Efficiency [J]. Journal of Accounting Research, 2007, 45 (1): 155-197.

[17] Menkhoff, L., Neuberger, D., Suwanaporn, C. Collateral-Based Lending in Emerging Markets: Evidence from Thailand [J]. Journal of Banking and Finance, 2006, 30 (1): 1-21.

[18] Merton, R. C. On the Pricing of Corporate Debt: The Risk Structure of Interest Rates [J]. Journal of Finance, 1974, 29 (2): 449-470.

[19] Ono, A., Uesugi, I. Role of Collateral and Personal Guarantees in Relationship Lending: Evidence from Japan's SME Loan Market [J]. Journal of Money, Credit and Banking, 2009, 41 (5): 935-960.

[20] Orhangazi, Ö. Financialisation and Capital Accumulation in the Non-Financial Corporate Sector: A Theoretical and Empirical Investigation on the US Economy: 1973-2003 [J]. Cambridge Journal of Economics, 2008, 32 (6): 863-886.

[21] Richardson, S. Over-investment of Free Cash Flow [J]. Review of Accounting Studies, 2006, 11 (2-3): 159-189.

[22] Seo, H. J., Kim, H. S., Kim, J. Does Shareholder Value Orientation or Financial Market Liberalization Slow Down Korean Real Investment? [J]. Review of Radical Political Economics, 2016, 48 (4): 633-660.

[23] Stulz, R. M. Optimal Hedging Policies [J]. Journal of Financial and Quantitative Analysis, 1984, 19 (2): 127-140.

[24] Zhang, J. The Contracting Benefits of Accounting Conservatism to Lenders and Borrowers [J]. Journal of Accounting and Economics, 2008, 45 (1): 27-54.

[25] 陈德球，刘经纬，董志勇．社会破产成本、企业债务违约与信贷资金配置效率 [J]．金融研究，2013 (11)：68-81.

[26] 邓路，刘瑞琪，廖明情．宏观环境、所有制与公司超额银行借款 [J]．管理世界，2016 (9)：149-160.

[27] 杜勇，张欢，陈建英．金融化对实体企业未来主业发展的影响：促进还是抑制 [J]．中国工业经济，2017 (12)：113-131.

[28] 韩立岩，陈文丽．贷款组合中违约传染的机理研究 [J]．金融研究，2006 (7)：143-150.

[29] 黄兴孪，邓路，曲悠．货币政策、商业信用与公司投资行为 [J]．会计研究，2016 (2)：58-65.

[30] 胡奕明，王雪婷，张瑾．金融资产配置动机："蓄水池"或"替代"：来自中国上市公司的证据 [J]．经济研究，2017 (1)：181-194.

[31] 刘贯春．金融资产配置与企业研发创新："挤出"还是"挤入" [J]．统计研究，2017 (7)：49-61.

[32] 刘贯春，张军，刘媛媛．金融资产配置、宏观经济环境与企业杠杆率 [J]．世界经济，2018 (1)：148-173.

[33] 陆正飞，杨德明．商业信用：替代性融资，还是买方市场? [J]．管理世界，2011 (4)：6-14.

[34] 彭俞超，韩珣，李建军．经济政策不确定性与企业金融化 [J]．中国工业经济，2018 (1)：137-155.

[35] 饶品贵，姜国华．货币政策对银行信贷与商业信用互动关系影响研究 [J]．经济研究，2013 (1)：68-82.

[36] 宋军，陆旸．非货币金融资产和经营收益率的 U 形关系：来自我国上市非金融公司的金融化证据 [J]．金融研究，2015 (6)：111-127.

[37] 王红建，曹瑜强，杨庆，杨筝．实体企业金融化促进还是抑制了企业创新：基于中国制造业上市公司的经验研究 [J]．南开管理评论，2017 (1)：155-166.

[38] 王诗雨，陈志红．企业财务风险衍化及其产业效应：基于规制环境和竞争环境的双重情景分析 [J]．会计研究，2018 (11)：56-62.

[39] 温忠麟，张雷，侯杰泰，刘红云．中介效应检验程序及其应用 [J]．心理学报，2004 (5)：614-620.

[40] 许浩然，荆新．社会关系网络与公司债务违约：基于中国 A 股上市公司的经验证据 [J]．财贸经济，2016 (9)：36-52.

[41] 尹志超，甘犁．信息不对称、企业异质性与信贷风险 [J]．经济研究，2011 (9)：121-132.

[42] 张成思，张步昙．中国实业投资率下降之谜：经济金融化视角 [J]．经济研究，2016 (12)：32-46.

[43] 祝继高，韩非池，陆正飞．产业政策、银行关联与企业债务融资：基于 A 股上市公司的实证研究 [J]．金融研究，2015 (3)：176-191.

第七章

主要结论与进一步思考

第一节　主要结论

基于目标视角，对战略定位差异与企业违约风险之间关系的研究结果表明，企业战略定位偏离行业常规模式的程度越大，企业违约风险越大；业绩期望差距对战略定位差异与企业违约风险之间的关系存在显著的调节效应，其中业绩期望落差对二者的关系具有增强作用，而业绩期望顺差会抑制二者之间的正相关关系。进一步研究表明，战略定位差异通过代理成本和经营风险两条路径对企业违约风险产生影响。本书的研究丰富了企业违约风险影响因素以及战略定位经济后果方面的成果，不仅有利于上市公司构建科学的风险管理体系，而且能够为相关部门制定合理的监管政策提供理论依据与实践指导。

基于监督视角，对内部控制质量与企业违约风险之间关系的研究结果表明，高质量的内部控制能够有效降低企业违约风险；较高的股票流动性能够强化内部控制对企业违约风险的降低作用。进一步研究表明，高质量的内部控制主要通过降低代理成本、提升会计信息质量等途径降低企业违约风险。此外，本书实证检验了企业违约风险对财务决策的影响，发现较高的违约风险会降低企业的投资规模，也会导致企业的长期借款规模下降，商业信用作为银行借款的替代性融资方式，规模会有所上涨。本书的研究结果强调了企业加强内部控制建设、完善风险管理体系的重要性，而且能够为监管部门的政策制定提供理论依据与实践指导。

基于执行视角，对企业创新与违约风险之间关系的研究结果表明，企业创新投入与违约风险之间呈U型关系，即在达到某个阈值之前，创新投入的增加能够降低违约风险，但是在超过该阈值之后，违约风险则会随着创新投入的增加而升高。进一步考虑企业特征，在创新投入转化为预期回报比例较高、对企业价值波动影响较小的企业中，创新投入对违约风险的抑制作用更强。本书的研究证实了企业创新投入对违约风险的双重作用机制，不仅有助于为企业创新决策的制定提供科学依据，同时也能够为我国化解系统性风险提供新的思路。

基于执行视角，对金融资产配置与企业违约风险之间关系的研究结果表明，金融资产持有量越多，企业的违约风险越低，金融资产配置的“蓄水池效应”越显著；在货币政策宽松时期，金融资产配置导致的代理冲突显现，宽松的货币政策会抑制金融资产投资对违约风险的降低作用。政府规制也会产生一定的公司治理作用，将产业政策纳入讨论发现：对于产业政策支持的行业来说，企业金融化虽然能够降低违约风险，但是宽松的货币政策会刺激管理层的短视投资行为，抑制政府规制的公司治理作用。进一步，本书提出会计稳健性的提升是企业金融资产配置降低违约风险的重要路径。本书的研究结论丰富了企业金融资产配置动机和违约风险影响因素的讨论，能够为政府部门防范经济运行中的内在风险提供有益借鉴。

第二节　研究局限

本书的研究内容依然存在不足之处，这也为后续研究提供了机会，具体如下：

第一，本项研究主要基于理论分析和实证检验的方法对中国上市公司违约风险的影响因素进行研究，研究结论主要是基于大样本数据得出的经验证据，虽具有覆盖范围广、客观性强的优点，但是研究方法相对单一，未来可通过问卷调查、案例研究等方法，选择具有代表性的上市公司进行有针对性的深入分析。

第二，本项研究分别基于战略定位差异、内部控制质量、创新决策、金融资产配置等视角，讨论了影响中国上市公司违约风险的影响因素，但是决定企业违约风险的因素众多，很多有价值的影响因素尚未被包含在本项研究的研究框架内，未来研究可进一步对其他方面的影响因素进行深入探讨。

第三节　研究展望

限于篇幅，本项研究包含的内容十分有限，未来可从以下三个方面展开进一步的研究：

第一，构建企业违约风险指数。为准确描绘我国企业违约风险的时间序列变化趋势，未来可采用定基指数形式编制企业违约风险指数。在一个经济体中，微观企业面临着成长或衰退问题，因而不同年份的样本数据可能会发生变化，这将导致不同期间的违约风险数据不可比。为消除这一影响，可借鉴沪深300指数的调整思路，采用“除数修正法”对指数进行修正。在构建企业违约风险指数的基础上，可进一步构建地区违约风险指数、行业违约风险指数，借此深入分析中国制度背景下，我国违约风险的现状、发展趋势及变动原因。

第二，企业违约风险防范的国际经验比较。随着全球经济一体化的推进，不同国家之间的联系愈加紧密，吸收国外经济发展的经验教训尤为重要。未来可在研判中国企业违约风险发展情况的基础上，讨论国外违约风险防范的经验教训对中国违约风险防范的借鉴意义。具体包括：①美国、日本、欧盟等发达国家和地区风险防范的经验比较；②韩国、新加坡等新型工业化国家风险防范的经验比较；③巴西、印度、土耳其等发展中国家风险防范的经验比较。基于不同类型国家违约风险防范的经验比较，有利于为探索适合中国国情的风险防范体系提供有益的借鉴和指导。

第三，企业违约风险测度指标的深化。结合中国的现实国情，在2014年债券“刚性兑付”的神话被打破之前，由于政府可能对违约风险较大的债务主体进行帮扶，因此中国上市公司实际违约的数量相对较少，对中国上市公司违约风险程度的测算主要是基于资本资产定价模型通过违约概率计算。受限于数据可得性，以违约概率测算企业违约风险对理论研究的开展具有重要意义，但是实际违约数据的价值不可否认，未来可进一步收集上市公司的实际违约数据，对违约概率和实际违约数据进行比较研究。